Friedhelm Boschert

sich selbst führen.
und dann die anderen.

Anregungen für Manager

Friedhelm Boschert

sich selbst führen.

und dann die anderen.

Anregungen für Manager

EDITION BAMBUS
DER VERLAG DER BEWEGT

„Doch der Mensch sollte lernen, jenes Lichterglimmen aufzufinden und zu beobachten, das seinen Geist von innen her überstrahlt, statt den Glanz am Firmament von Sängern und Weisen“

Ralph Waldo Emerson

„Leading effectively is, in other words, less about mastering situations – or even mastering social skills sets – than about developing a genuine interest in and talent for fostering positive feelings in the people whose cooperation and support you need.”

Daniel Goleman | Richard Boyatzis

Impressum:

www.edition-bambus.at

Umschlaggestaltung, Layout und Satz: Gugler GmbH, Melk
Druck: gugler cross media, Melk
Printed in Austria

ISBN 978-3-9502962-0-4

PEFC
PEFC/06-39-224
Dieses Papier stammt aus nachhaltig bewirtschafteten Wäldern und kontrollierten Quellen.
www.pefc.at

greenprint* Ein Beitrag zum Klimaschutz:
Wir drucken klimaneutral bei gugler*

Inhalt

I. Haben Sie sich schon gefragt ...? ____ 13
Zeit zum Innehalten

II. Wie Führung in die Krise kam ____ 29
Zeit zum Nachdenken

1. Der Shareholder Value – leider korrumpiert 29
2. Der „Celebrity Leader“ – feierte noch am Abgrund 37
3. MBA – die kalten Management-Techniker 39

III. Führung nach der Krise – Quo vadis? ____ 45
Zeit zum Wandeln

1. Die Unternehmenswelt wird bunter – die Stakeholder sind zurück! 46
2. Persönlichkeit ist wieder gefragt – und wie! 50
3. Nachhaltigkeit auch in der Führung – die Zeit ist reif! 53

IV. Haltung lernen durch Selbstführung ____ 63
Zeit zum Ankommen

1. Menschen(s)-Bild 63
   a. Mehr als das Ich – bei sich auf den Grund gehen! 63
   b. Die Haltung macht's – innen und aussen 69

2. Führung heißt Beziehungen gestalten – so einfach ist's! 73
a. Führung neu verstehen – bereit für die Zukunft! 73
b. „Eins mit sich“ heißt „klar für die anderen“ 80

3. Die Kunst der Selbstführung – auch Kunst ist lernbar! 87
a. Das Selbst führen – doch wohin geht die Reise? 87
b. Der steinige Weg zur Haltung – keine Angst vorm Spiegelbild! 100
c. Mit Reflexion den Weg ebnen – vier praktische Schritte! 105
d. ZEN-Meditation als Königsweg – Sitzen wirkt! 119

V. Mit Haltung authentisch führen – manchmal geht's auch andersrum! 129
Zeit zum Reifen

1. Mit Haltung endlich authentisch sein! 129
2. Durch Achtsamkeit klaren Blick erhalten und Zuhören lernen! 131
3. Mit Selbstwert anderen echte Wertschätzung geben können! 143
4. Durch Selbstvertrauen im Unternehmen Vertrauen vermitteln! 148
5. Mit Selbstdisziplin endlich konsequent handeln! 152
6. Sinn finden heißt Sinn (weiter-)geben können! 157

VI. Wie man nachhaltig wirksam führen kann 165
Zeit zum Gestalten

1. „It's the culture, stupid" – Die Führungskultur muss in den Focus 165
2. Den Stempel aufdrücken – mit Haltung die Führungskultur prägen 171

Was Sie außerdem noch lesen könnten 185
Zeit zum Lesen

zum
Innehalten

Kapitel I

Haben Sie sich schon gefragt …?

Mitten in der Krise. Mitten in Deutschland. Die jährliche Zusammenkunft der Führungskräfte hatte gerade begonnen, da hob der Abteilungsleiter aus dem Back-Office schon die Hand: „Wie wird es mit uns über die nächsten Jahre weitergehen?" Und die Antwort des Vorstandes, wie sie während der Krise in vielen Führungsetagen von Banken und Unternehmen zu hören, war ebenso fatalistisch und wie offenbarend zugleich: „Darüber können wir dann nachdenken, wenn wir die Krise überstanden haben, jetzt müssen wir uns um das Tagesgeschäft kümmern". Um gleich nach der Sitzung ins nächste Treffen zu eilen, die weiteren Meetings waren auch schon gebucht. Pausenloses Krisenmanagement wohin man blickte, atemlose Feuerwehr-Aktionen.

„Wenn Sie nicht wissen, ob Sie morgen nicht schon von der Krise hinweggefegt worden sind, ist die strategische Diskussion ziemlich zweitrangig", so ein Top-Manager auf dem Höhepunkt der Krise. Ach ja, und woran bitte richten Sie dann Ihr Handeln aus, woran sollen sich Ihre Mitarbeiter orientieren? „Die sehen die ganze Tragweite ohnehin nicht zur Gänze". Oh je, das war nun knüppeldick, hatten wir in der Vergangenheit etwa Verantwortung an all diese kurzsichtigen, unmündigen Mitarbeiter delegiert? „Kommen Sie mir jetzt doch nicht mit den Führungsleitlinien, das war doch in einer ganz anderen Zeit". So, so, also nur für Schönwetterperioden, bei Sturm die ganzen Grundsätze also sofort über Bord? Kommt Ihnen bekannt vor, nicht? Ja, denn

„Krisenmanager gab es wahrlich genug – aber wo bitte waren denn die wahren Führer?"

Jene, die die kurzfristigen Anforderungen fest im Blick haben, deren eigentliches Interesse jedoch dem Erspüren der langfristigen Entwicklungen gilt. Jene, die auch im blanken Stress noch Gelassenheit zeigen, ihre Haltungen bewahren und damit Haltung zeigen. Und so ihren Mitarbeitern Orientierung bieten gerade in stürmischen Zeiten, Verlässlichkeit ausstrahlen und Vertrauen schaffen.

Sie meinen, das wäre zuviel verlangt, schließlich seien die Führungskräfte auch nur Menschen und die Krise sei ja schon von einer besonderen Dimension gewesen? Aber bitte, so einfach sollten wir uns das nicht machen. An die Persönlichkeit von Führungskräften sind ganz besondere Anforderungen zu stellen – und davon handelt dieses Buch. Es entstand, weil wir seit Beginn der Krise mehr Führungsdefizite als -vorbilder erleben mussten, weil Führungsversagen häufiger zu sehen war als gradlinige Standfestigkeit, weil Führungsprinzipien und persönliche Haltungen schneller gewechselt wurden als die Hemden ihrer Träger. Die Finanz- und Wirtschaftskrise zeigt sich eben auch als eine Krise der Führung.

In vielen Gesprächen mit Führungskräften während der Krisenmonate kristallisierte sich eine Beobachtung besonders häufig heraus: Das Erstaunen, wie wenig Führungskräfte, gerade im Bereich der obersten Unternehmensführung, sich selbst kennen. Nein, nicht das Bild von sich, das kennen die meisten, da sie es sich im Laufe der Jahre sorgfältig zurecht gezimmert haben und es nun wie einen Augapfel hüten.

„Ich habe eine sehr klares Bild von mir, das spiegeln mir meine Mitarbeiter auch immer wieder", so eine der Aussagen, vorgetragen im Brustton der Überzeugung. Aha, man lässt also das Bild, das man von sich hat, sich widerspiegeln – aber das kann doch nur heißen, dass man im Grunde genommen gar keinen anderen Eindruck von sich selbst haben möchte. „Wissen Sie, das haben wir doch alles nicht mehr in der Hand, da können Sie sich nur noch mit treiben lassen und aufpassen, dass Sie nicht untergehen", fasst eine Top-Führungskraft seine Rat- und Mutlosigkeit angesichts der Krisendynamik im privaten Gespräch in dürre Worte. Klingt nicht gerade nach Selbstvertrauen – das Vertrauen in das Selbst. Wie aber kann man auf etwas vertrauen, das man nicht kennt? Wenn man keine Ahnung von *sich selbst* hat! Und man damit eines nicht entwickeln kann – eine klare Haltung, zu sich selbst und den anderen. Haltung ist also nichts anderes als unsere ureigenste Einstellung zu uns selbst, zu unserem Charakter, zu unseren grundlegenden Annahmen, zu unseren Werten, zu unseren

Vorstellungen. Mit diesen Einstellungen bauen wir unser Führungsverständnis und leben wir unsere Führungsarbeit. Daher:

Haltung ist das Rückgrat der Führungspersönlichkeit.

Wer in den letzten Jahren aufmerksam durch die Führungsetagen ging, konnte sehen, wie der Krisen-Sturm die Schminke aus den Gesichtern der Führungskräfte wusch – und der Mensch darunter zum Vorschein kommt. Daran wäre an sich noch nichts Schlechtes zu entdecken, im Gegenteil. Aber irgendwie fragen wir uns dann doch, wie sich dieser Mensch, der Vorgesetzte, so lange hinter einer Maske verstecken konnte, warum er diese Verkleidung überhaupt brauchte?

„Sollten wir wirklich nur seine Rolle kennen, und nicht ihn, den Menschen dahinter?"

Müssen sich im Unternehmen die Mitarbeiter bei ihrem Chef wirklich mit einem Rollenspiel zufrieden geben oder sollten sie nicht vehement Ehrlichkeit, Offenheit, Persönlichkeit – Authentizität also – einfordern können und diese dann auch erhalten? Von einer Führungskraft, die durch eine klare Haltung führt – und damit auch „Rückgrat" zeigt?

Meine Antwort darauf: Ein unbedingtes „Ja"! Und das bildet die Grundlage für dieses Buch. Sie werden nun sagen, „ist doch selbstverständlich – kann man doch nur bejahen – da sind wir schon gleich einer Meinung". Doch halt, kein Grund zur Euphorie! Warum denn finden wir so wenige Persönlichkeiten unter den Führungskräften, Menschen mit unverwechselbarem Charakter, mit allen Ecken und Kanten, Leidenschaften und Gefühlen? Warum ist authentisch führen, mit und aus der ganzen Persönlichkeit heraus, so schwierig, warum flüchten sich viele doch lieber in das vermeintlich einfachere Rollenspiel? Hat der Zugang zu anderen auch etwas mit dem Zugang zu uns selbst zu tun? Welche Barrieren verhindern, dass wir authentisch führen? Hängt Vertrauen, das wir anderen entgegenbringen, auch vom Vertrauen in das eigene Selbst, dem Selbstvertrauen, ab? Wie hängt konsequentes Handeln mit unserer eigenen Selbstdisziplin zusammen? Bedingen Respekt und Wertschätzung anderen gegenüber nicht etwa, dass wir uns selbst zunächst einmal wertschätzen können? Müssten wir nicht über diese Zusammenhänge dringend nachdenken? Und das nicht erst wenn's ernst wird, in der Krise, nein, gerade im gewöhnlichen Alltag müsste sich eine Führungskraft solche Fragen im Grunde immer wieder stellen.

Aber keine Zeit dafür! Bis über den Rand hinaus gefüllte Terminkalender, von einem „Meeting“ übergangslos ins nächste Gespräch, Konferenzen, Empfänge, Business-Lunch – Alltag eines Managers. Und nach dem Dienst dann die völlig verplante „Frei“-zeit. Wann aber findet denn eigentlich das Nachdenken statt, das ruhige, klare und strukturierte Sinnen über Aktivitäten, Ziele, Strategien und Strukturen? Sind bei Ihnen im Terminkalender denn Zeiten für „Nachdenken“ reserviert? Ich habe in meinem Terminkalender schon seit Jahren mindestens einmal wöchentlich drei Stunden für „Denkarbeit“ geblockt. Da nehme ich mir Zeit für jene Fragestellungen, die etwas weitreichender, etwas tiefergehender, etwas komplexer sind als die operativen Alltagsprobleme. Und die werden dann eben mal bis zum Ende durchgedacht, bis auf den Grund hin ausgeleuchtet. Was wiederum viele Alltagsentscheidungen erleichtert und „Tritt-Sicherheit“ gibt.

Ist aber bereits solch ein rationales Nachdenken für die meisten Führungskräfte schon ein Luxus, so fällt das noch viel tiefergehende Reflektieren, das vorurteilslose In-sich-hinein-Hören und das bedingungslose Annehmen der leisen, aber machtvollen Stimme des Selbst zumeist ganz unter den Tisch. Wie aber soll die Persönlichkeit reifen, woher sonst sollen Ruhe, Klarheit, Gelassenheit kommen, die die Mitarbeiter von ihrer Führungskraft so dringend verlangen, wenn nicht aus dem innersten Wesen einer jeder Führungskraft? Wie kann der Führende Vorbild sein, wie kann er in offene und ehrliche Beziehungen zu seinen Mitarbeitern, den Kunden, den Stakeholdern eintreten, wenn er sich selbst nicht kennt, nicht mit sich selbst zu kommunizieren in der Lage ist? Und wie wird er auf den fundamentalen Wandel der Anforderungen nach der Krise reagieren?

„Müssen wir daher nicht unser Führungsverständnis grundlegend und kritisch überprüfen?“

Es geht um ein neues Verständnis dessen, was wir als Führung bezeichnen und leben. Führung ist nicht visionäres Überfliegen – das wäre nur allzu bequem und beschränkt sich ohnehin zumeist auf große Worte und langes Reden. Führung ist auch nicht Management – denn Management ist Handwerk. Führung dagegen ist – wie wir noch sehen werden – Kunst. Aber beide sind Arbeit, das wird heute ebenfalls nicht überall als selbstverständlich gesehen. Führung hat sicherlich auch nichts damit zu tun, „die Mitarbeiter dazu zu bringen, bestimmte Ziele zu verfolgen". Die Mitarbeiter sind hierzu selbst in der Lage, man darf sie nur nicht daran hindern. Bestenfalls können wir sie zu Zielen inspirieren. Führung ist auch nicht auf die allseits beliebte Aufgabenstellung „motivieren!" reduzierbar – Mitarbeiter brauchen keine permanenten Anreizgeber, sie haben eine Grundmotivation, die es gilt, nicht zu beschädigen. Damit haben wir nun in erster Linie abgegrenzt, was Führung nicht ist. Um jedoch zu sehen, was Führung ist, genügt im Grunde ein Blick auf die Wurzeln der Führung.

Und es ist eine scheinbar einfache Erkenntnis, die daraus resultiert: Führung hat zu tun mit Beziehungen zwischen Menschen.

„Die Führungskraft gestaltet Beziehungen zwischen Menschen"

und zwar solcherart – ansonsten bräuchte man die Führungskraft ja nicht –, dass alle ihre Potenziale so weit wie möglich entfalten können.

Ziemlich simpel, vielleicht sogar witzlos, mögen Sie nun denken. Aber halt, bevor Sie das Buch vorschnell aus der Hand legen – versuchen Sie doch zunächst einmal, dieses so einfache Grundverständnis auf Ihr Unternehmen, auf Ihre Führungssituation, auf Ihre Mitarbeiter zu übertragen:
Wie viele Ihrer Mitarbeiter oder Kollegen arbeiten weit unter ihrem eigentlichen Leistungsniveau? Unter anderem weil sie sich ungehört fühlen, weil keiner fragt, was sie denn noch leisten können, weil sie sich nicht oder falsch verstanden wissen, generell, weil keiner zuhört. Wann haben Sie ihre Mitarbeiter zuletzt in dieser Weise betrachtet? Wann haben Sie zuletzt zugehört, mit ganzer Aufmerksamkeit in den anderen hineingehört? Wie wollen Sie denn sein Leistungspotenzial verstehen, wenn Sie ihm nicht mal zuhören können? Sind Sie für Ihre Mitarbeiter und Kollegen berechenbar? Sie meinen, das sei nicht notwendig? Versuchen Sie doch einmal eine vertrauensvolle Beziehung zu einem Menschen aufzubauen, von dem Sie kaum je eine bestimmte Reaktion vorhersagen können – Sie werden scheitern!

Und das alles soll für Ihre Mitarbeiter nicht gelten? Ihr eigenes Führungsverständnis sollten Sie doch mit der gleichen Elle messen, mit der Sie Ihre Mitarbeiter und Kollegen messen! Das heißt aber, Sie müssen bei sich selbst anfangen, nicht bei den anderen. In sich selbst hinein hören, bevor Sie sich anderen zuwenden. Sich selbst disziplinieren, bevor Sie von anderen Konsequenzen fordern. Wir brauchen keine neue Führungstheorie, keinen neuen Führungsstil, keine neuen Führungsinstrumente. Wir brauchen nur eines – ein anderes Verständnis von Führung, eines das Führung bei uns selbst beginnen lässt.

Das hat sich mir in vielen Jahren der Führungspraxis, in vielen Gesprächen mit Führungskräften auf allen Ebenen und vor allem durch eines – durch Neugierde und Reflexion – sehr klar gezeigt. Und einen ebensolchen Weg mit zu gehen, einen besonderen Zugang zu Fragen der Führung zu finden, damit auch einen neuen Blickwinkel auf Ihre Führung zu entdecken, dazu sind Sie auf den folgenden Seiten eingeladen. Es geht bei Führung also um Beziehungen zwischen Menschen, allerdings immer um die konkreten Menschen, niemals um eine abstrakte „Abteilung" oder „Organisation" oder „Behörde":

„Menschen sind für Beziehungen verantwortlich, nicht die ‚Struktur' oder das ‚System' ".

Daher müssen diese Beziehungen eben auch gestaltet werden: sie müssen auf einem gemeinsamen Grundverständnis aufbauen, dazu braucht es gegenseitiges Vertrauen, Respekt und Berechenbarkeit. Und das alles sollte längerfristig, das heißt nachhaltig wirksam bleiben. Haben Beziehungen zwischen Menschen ein solcherart stabiles Gerüst, dann können alle Beteiligten ihr Leistungspotenzial frei entfalten und für die Ziele des Unternehmens einzusetzen. Klingt einfach – ist es auch! Nur einigermaßen schwierig in die Praxis, in Ihren Führungsalltag umzusetzen, ansonsten hätten Sie das ja schon längst getan...

Denn die Schwierigkeit beginnt meiner Erfahrung nach schon mal damit, dass wir mit der Beziehung zwischen Führungskraft und Mitarbeitern (und Stakeholdern) nur die eine Hälfte des Bildes vor uns haben. Wir haben in Führungsseminaren, aus Büchern zur Führung und vielen Beiträgen in Fachzeitschriften vor allem eines gelernt: Führung geht immer von uns nach außen, Führung hat mit anderen zu tun, mit den Beziehungen zu diesen. Und mit Instrumenten, diese Beziehungen zu analysieren – das nennt man dann Führungspsychologie -, mit Störungen dieser Beziehungen – das nennt man dann Konflikte – und mit Reparaturmitteln zur Behebung der Konflikte – das nennt man dann Mediation. Dazu kommt, dass in der Regel sich diese Betrachtungen mit einem rein kognitiven Zugang zur Führungspersönlichkeit begnügen, das heißt, es wird zumeist nur die Sach- und Verstandesebene angesprochen und behandelt.

Doch das reicht nicht aus! Das ist nur die eine Seite der Führung. Wie wir jedoch noch sehen werden, sind es die tieferen Schichten des Menschen, die sein Verhalten und damit die Art und Weise seiner Beziehungen zu anderen bestimmen. Haben Sie sich daher nicht auch schon hin und wieder gefragt, wo denn diese Beziehungsbrücke, die Sie da zu anderen aufbauen, gestalten und reparieren, bei Ihnen eigentlich verankert ist? Wo bei Ihnen der Brückenkopf ist, der als Ausgangspunkt die Brücke trägt? Auf den wir schlussendlich ja bauen müssen!

Für eine Antwort müssen wir die Perspektive wechseln – und kommen so wieder zurück zum Ausgangspunkt, als wir feststellten, dass viele der Führungskräfte alles kennen, nur nicht sich selbst. Wir müssen also einen Blick nach innen werfen, hinein in uns selbst. Dort, in unserer Haltung nämlich, finden wir den Brückenkopf als Ausgangspunkt, dort finden wir uns selbst und lernen uns selbst kennen. Schön, werden Sie vielleicht nun sagen, das haben wir gleich, das kann ja nicht so schwer sein. Vielleicht sind Sie aber auch der Meinung, dass es nun wirklich genug des Theoretisierens sei und Selbstfindung wirklich das letzte, was Sie jetzt noch brauchen! Leider weit gefehlt, denn erstens ist der Zugang nach innen, zum Selbst, beileibe nicht einfach, zum zweiten geht dieser Weg nur über die Praxis, über die Praxis der Achtsamkeit und der Reflexion. Praxis und nochmals Praxis, Arbeit an sich selbst, das ist gefordert. Und drittens gibt es ohne Zugang zu sich selbst keine Selbstführung. Und damit auch keine Haltung und keine authentische Führung. Daher:

„Nur wer sich selbst führen kann, kann auch andere führen“,

das ist das Credo dieses Buches und Erkenntnis langer Jahre an Führungserfahrung und –reflexion. Peter Drucker hatte das vor mehr als 50 Jahren ähnlich ausgedrückt. Das heißt nun nichts anderes, als dass der Blick nach innen, der Zugang zum Selbst, als gleichberechtigter Part neben der Außenperspektive stehen muss. Und dass die über den Verstand laufenden Zugänge zu uns selbst um intuitive, gar um spirituelle Wege, ergänzt werden müssen. Nur so können wir Haltung und daraus ein Führungsverständnis entwickeln, das „authentische Führung" erlaubt.

Der Begriff „authentisch" stammt ab vom griechischen „authentikós" und bedeutet echt oder Echtheit und zwar in Bezug auf ein Original. Eine authentische Person nehmen wir daher als unverbogen, ungekünstelt, eben als Original wahr. Diese Person ist sie selbst, so sagen wir, sie ist als Persönlichkeit klar erkennbar, sie handelt aus sich selbst heraus, sie ist sich selbst stets treu. Authentisch handeln heißt, handeln im Einklang mit sich selbst. Authentisch führen heißt, seine Mitarbeiter und andere Beziehungspartner mit der ganzen Person, gespeist aus den tiefen Schichten des Selbst, im Einklang mit diesem Selbst, zu führen. Mit der tiefen Gewissheit, dass er alles notwendige Wissen bereits in sich trägt, ruht der authentisch Führende in sich selbst, strahlt sein Wesen Gelassenheit und Zuversicht aus. Zu schön, um für den „normalen" Führungsalltag wahr zu sein, werden Sie einwenden? Wir brauchen ja nicht gleich das Charisma eines Gandhi oder Kennedy als persönliche Zielmarke anzustreben, aber etwas authentischer wollen wir doch gerne sein – oder werden? Wir müssen uns aber davor hüten, authentisches Führen als ein bloßes „nice to have" zu sehen. Dazu ist die Authentizität einer Führungskraft, also das Handeln im Einklang mit sich selbst, viel zu wichtig für die persönliche Balance, für das seelische Wohlbefinden und die körperliche Gesundheit. Vor allem aber werden wir sehen, dass authentische und nachhaltig wirksame Führung durch die Krise und deren Veränderungen geradezu erzwungen werden wird. Die oberflächliche, Rollen spielende und marktschreierische Führungskraft hat ausgedient. „Was wir dringend brauchen ist eine Haltungselite, die sich durch eine hohe Reflexionsfähigkeit, leisen Mut und gelebte Beziehungsqualität auszeichnet" (Wüthrich, Hans A., 2009, in Pfister, Thomas). Mit anderen Worten:

„authentisch und nachhaltig wirksam führen wird zukünftig das Zielbild des Handelns der Führungskräfte sein."

Dabei wird es keine Wahlmöglichkeiten geben. Denn nur wer mit authentischem Handeln Vertrauen zu schaffen weiß, nur wer mit einer auf Dauerhaftigkeit ausgerichteten Führung Verlässlichkeit und Stabilität hervorbringt, wird in der Zukunft als Führungskraft nachhaltig erfolgreich sein. Aber Authentizität und Nachhaltigkeit lassen sich nicht ohne weiteres herbei zaubern oder gar auf die Schnelle „erlernen“. Beide erwachsen nur aus einer intensiven Beschäftigung mit uns selbst, aus der heraus Haltung entsteht. Unsere eigene und die des Unternehmens.

Als Führungskraft wirksamer sein! Das stellt sich bei der authentischen Führungskraft von ganz alleine ein. Was aber, so werden Sie jetzt fragen, ist denn „Wirksamkeit“ beim Führen? Schaffe ich es dann, weniger zu arbeiten?, so geht Ihnen gleich anschließend durch den Kopf. Ja und Nein, kann ich da nur sagen. Ja insofern, als Sie die gewonnene Effizienz für sich selbst nutzen sollten – und nicht, um noch mehr zu arbeiten. Nein, weil wir mit Wirksamkeit erst in zweiter Linie die Effizienz meinen. Führung ist dann wirksam, wenn es der Führungskraft gelingt, die Beziehungen zu und zwischen den Mitarbeitern und Stakeholdern des Unternehmens so zu gestalten, dass alle Beteiligten Ihre Potenziale ungehindert entfalten und einsetzen können. Potenziale beziehen sich in unserem Verständnis aber nicht nur auf Kreativität und Leistung, sondern auch auf die Potenziale an Loyalität und Empathie der Mitarbeiter. Die beiden letztgenannten werden heute leider sehr häufig vergessen.

Mit einem weitverbreiteten Missverständnis möchte ich an dieser Stelle gleichfalls aufräumen. „Authentische Führung“ hat nichts zu tun mit unverrückbaren Persönlichkeitsmerkmalen oder angeborenen Charaktereigenschaften. Vor allem jüngere Führungskräfte stehen oftmals seufzend vor der scheinbar übergroßen Autorität und Führungsstärke ihrer Mentoren. „Der hat das halt in den Genen, der ist in so einem Umfeld schon aufgewachsen“, ist dann resignierend zu hören. Gerade für die junge Führungskraft ist es schwierig, Rolle und Person in ihrem Vorgesetzten unterscheiden zu lernen, das Führungshandeln ihres Vorgesetzten auf dessen Gehalt an Authentizität hin abzuklopfen. Denn oft verbergen sich hinter autoritärer Härte Haltungsschwächen und Defizite in der Persönlichkeit, verdeckt die Ausstrahlung von Unnahbarkeit die Unfähigkeit, auf andere zugehen zu können. Um diese Unterscheidung erkennen zu können, bedarf es aber einer gewissen Reife der Persönlichkeit – denn Reife entsteht nicht passiv einfach so mit den Jahren, wie der Wein im Fasse reift, sondern erwächst in erster Linie aus einem reflektierenden Umgang mit sich selbst.

„Authentisches Führen ist damit beileibe nicht angeboren, sondern kann erworben werden.“

Durch unablässige Arbeit an sich selbst, durch eine ehrliche Auseinandersetzung mit sich selbst. „Selbst Charisma kann man lernen“, ist der ZEN-Lehrer Hinerk Polenski überzeugt. Wie man diesen Weg beschreiten kann, wie man Zugänge zu sich selbst und damit zu einem authentischen Führungshandeln findet – dazu finden Sie hier Denkanstösse und haben Teil an den Erfahrungen meines eigenen Weges.

„Die Krise als Chance“ – ich denke, die meisten von uns können diese Metapher kaum mehr hören. Sie wurde nicht nur gnadenlos überstrapaziert, sie wurde zumeist auch schlichtweg falsch interpretiert. Je dunkler die Schatten der Krise, desto häufiger und inbrünstiger wurde die Chance beschworen. Und zwar so, als müsste die Chance automatisch und zwangsläufig aus der Krise hervorgehen. „In zwei Jahren wird die Krise vorbei sein und wir werden dann gestärkt aus ihr hervorgehen“, so eine der damit verbundenen Durchhalteparolen. Wir bauen hier und da ein wenig Kosten und Personal ab – und machen dann genau so weiter wie zuvor. Führungskräfte waren auch noch stolz, diese Phantasielosigkeit ihren Mitarbeitern als „Chance“ zu verkaufen. Denn verkannt wurde eines: so wie das Reifen der Persönlichkeit das aktive und reflektierende Auseinandersetzen mit sich selbst voraussetzt, so setzt die Chance, die da aus der Krise erwachsen kann, eines ganz grundlegend voraus: Lernen! Das wird denn auch zumeist vergessen, verdrängt, da Lernen oftmals auch unbequem sein kann. Gerade weil es die kritische Auseinandersetzung mit dem eigenen Handeln fordert. Und so wie wir im Führungsalltag über unser Handeln und uns reflektieren sollten, so sollten wir auch in der Krise reflektieren! Und uns dazu auch die Zeit nehmen! Denn:

„Es ist nicht nur die Zeit, um innezuhalten, wir brauchen auch Zeit zum Innehalten“

Dazu möchte ich Sie – Führungskräfte und all jene, die auf dem Wege dorthin sind – einladen, inne zu halten, nachzudenken und zu reflektieren:

- Wie sind wir zum heute vorherrschenden Führungsverständnis gekommen? (Abschnitt II)

- Welchen neuen Anforderungen hat sich die Führungskraft in Zukunft zu stellen? (Abschnitt III)
- Worin gründet die „Selbstführung", welche Wege „nach innen" gibt es? (Abschnitt IV)
- Welche Eigenschaften, d.h. welche Haltung zeichnet die authentische Führungskraft aus? (Abschnitt V)
- Wie kann man die Wirksamkeit von Führung nachhaltig im Unternehmen verankern? (Abschnitt VI)

In den ersten beiden Abschnitten werden wir zunächst das Umfeld und die Rahmenbedingungen unseres Führungshandelns beleuchten. Hat unsere bisherige Art der Führung (auch) zur Krise beigetragen? Welches Führungsverständnis dominierte die letzten Jahrzehnte und wovon wurde es beeinflusst? Haben wir als Führungskräfte (alles) Vertrauen verspielt? Während Abschnitt II sich mit den letzten 30 Jahren auseinandersetzt und damit versucht, aus Erfahrungen zu lernen, blicken wir mit Abschnitt III dagegen in die Zukunft.

Ich bin davon überzeugt, dass mit der Krise ein Paradigmenwechsel in Wirtschaft und Gesellschaft eingeläutet wird. Welche Schlüsse müssen wir als Führungskräfte daher aus der Krise ziehen, was müssen wir bereit sein, zu lernen? Welche neuen Anforderungen an die Unternehmen werden aus der Krise erwachsen? Warum kann gerade „authentische und nachhaltig wirksame Führung" zu einem wesentlichen Baustein für die Zeit nach der Krise werden, ja gar zu einem unverzichtbaren Erfolgselement?

Abschnitt IV eröffnet den Zugang zu Haltung und authentischer Führung. Nach Betrachtungen des zugrunde liegenden Menschenbildes – auch das ein unerlässlicher Schritt auf dem Weg nach innen – werden wir zunächst die grundlegenden Beziehungen einer Führungskraft und deren Gestaltungsmöglichkeiten betrachten. Dabei werden wir sehen, dass die Beziehung nach innen, zu sich selbst, heute von den Führungskräften in aller Regel übersehen wird. Denn vor dem Zugang zum eigenen Selbst liegen Barrieren, die zuerst einmal erkannt und dann überwunden werden müssen.

Wie diese Barrieren überwunden werden können, wird ebenso aufgezeigt, wie die Wege nach innen. Selbstführung ist hier das Schlüsselwort, die Entwicklung von Haltung als Grundlage des authentischen Führens. So wie ich vor Jahren begann, den Weg nach innen in meine persönliche Führungspraxis zu integrieren, so werden wir auch hier das bewusste Innehalten und das regelmäßige Reflektieren als die wesentlichen Pfade für den Zugang nach Innen kennen lernen. Beides sind auch zentrale Elemente des ZEN, dessen Meditationspraxis wir als den „Königsweg" zur Entwicklung von Haltung ausführlich beleuchten werden.

Danach werden Sie verstehen, welche Eigenschaften, welche Haltung eine authentische Führungskraft ausweist und wie Sie diese entwickeln können (Abschnitt V). Der Haltung der „Achtsamkeit" kommt hierbei überragende und entscheidende Bedeutung zu. Doch auch den weiteren Grundbausteinen von Haltung, nämlich dem Selbstwert, der Selbstdisziplin und dem Selbstvertrauen werden wir nachgehen. Und Sie werden sehen, dass diese Eigenschaften, in dem Maße wie wir sie für uns kultivieren, sich dann auch ganz automatisch in den Beziehungen zu Mitarbeitern und Kollegen, Kunden und Geschäftspartnern wieder finden.

„Dann entspricht unsere innere Haltung auch der äußeren – und wir führen authentisch!

Das mag an dieser Stelle für Sie vielleicht noch etwas verwirrend klingen – zwischen einer inneren und einer äußeren Haltung zu unterscheiden. Aber wir werden diese Grundgedanken gemeinsam schrittweise entwickeln.
Abschnitt VI widmet sich dann der Frage, wie Führung nachhaltig wirksam werden kann. Wir werden beleuchten, wie Führungskräfte der Führungskultur im Unternehmen ihren Stempel aufdrücken können, wie sie damit ihr eigenes Führungsverständnis, ihren eigenen Führungsstil nachhaltig als beispielgebende Zielmarke im Unternehmen verankern. Diese Überlegungen richten sich insbesondere an die obersten Führungspersonen im Unternehmen, deren eigentliche und wesentliche Aufgabe in der Gestaltung der Führungskultur eines Unternehmens gesehen wird.
Gerade deshalb benötigen wir als Führungskräfte zunächst eines ganz vordringlich, nämlich

„Zeit zum Innehalten"

Mehr denn je suchen die Menschen nach Orientierung, vor allem in ihrem wirtschaftlichen und beruflichen Umfeld. Ehrlichkeit, Menschlichkeit und Vertrauen heißen die neuen Ansprüche an die Führung; gesucht sind authentische Führer, die weder Glamour noch Gebrüll brauchen, die bescheiden, aber wirksam, leise, aber empathisch, herzlich, aber konsequent, ehrlich und offen Vertrauen, Sinn und Orientierung vermitteln. Die zuallererst sich selbst zu führen in der Lage sind und erst auf dieser Grundlage sich an die Führung von Menschen heran wagen.

Führung ist somit Arbeit, Führungsarbeit, einmal an sich selbst und dann mit den Stakeholdern des Unternehmens. Oder wie es Warren Bennis als Frucht der Erkenntnis vieler Jahre der Beobachtung formulierte:“ I am surer than ever that the process of becoming a leader is the same process that makes a person a healthy, fully integrated human being“ (Bennis, W., 2003, S. XXIV) Eine Person also die weiß, dass nicht eine Managementtechnik, sondern in erster Linie Haltung und damit Vertrauen die Grundlage und das Ergebnis erfolgreicher Führungsarbeit ist. Und die in der Prägung der Unternehmenskultur ihre eigentliche und ureigenste Führungsaufgabe sieht, ja damit ihre Führung erst nachhaltig wirksam macht.

Beim Lesen stoßen Sie häufig auf die „Wir“-Form. Das soll keineswegs die Verantwortung für das Geschriebene „sozialisieren“. Auch das „Wir“ drückt meine Meinung aus – damit trage ich auch die Verantwortung. Aber so wie es eine Haltung sowohl nach innen als auch nach außen gibt, so entwickeln sich Gedankengänge, Ideen und Überzeugungen nicht nur im Dialog nach innen, mit sich selbst – sondern vor allem in fruchtbaren Gesprächen mit anderen Menschen. Diese brachten mit ihrer Offenheit, Kritik, Ermunterung und Kreativität die notwendige Breite und Tiefe an Perspektive in diese Zeilen. Das „Wir“ gilt daher all denen, die am Zustandekommen des Buches auf diese Weise beteiligt waren und kann gleichzeitig auch als Dank für die vielen fruchtbaren Gespräche gesehen werden. Zuallererst nennen möchte ich an dieser Stelle Herrn Prof. Helmut Karner. Ihm und seinem unerschöpflichen Wissen an Management- und Führungsliteratur verdanke ich wesentliche Impulse und viele Denkanstöße, nicht nur in Bezug auf die kritische Überarbeitung des Manuskriptes, sondern auch aus seiner Rolle als Lehrender in der Management-Fortbildung. Persönliche Spuren – in Denken, Haltung und Buch – hinterlassen haben darüber hinaus Richard Neges, Dr. Erika Kleestorfer, Dr. Gabriele Lehner, Dr. Fleur Sakura Wöss, Alfred Legner, Ralf Dieter, Dr. Manfred Waldenmair – und meine Frau, Elisabeth-Joe Harriet, deren unkonventionelles Denken mich immer wieder zu neuen Gedankensprüngen ermutigte.
Mit dem „wir“ sind aber insbesondere Sie, verehrter Leser, eingeladen, inne zu halten, eine gemeinsame Reise zu beginnen, gemeinsam neuen Gedanken und Pfaden nach zu spüren.

zum Nachdenken

Kapitel II

Wie Führung in die Krise kam

Aus der Krise lernen heißt, sich mit den Ursachen auseinander zu setzen. Unsere Art zu führen sei ja wohl nicht eine der Ursachen, werden Sie spontan einwerfen. Was denn überhaupt habe Führung, angefangen vom Führungsstil bis zum Führungstraining, mit der Krise zu tun? Sehr viel, so möchte ich feststellen, mehr als Sie auf den ersten Blick glauben. Wir haben nicht nur gesehen, dass „wahre" Führer in der Krise nur selten gesichtet wurden, stattdessen Krisenmanager das Handeln übernahmen. Wir haben auch erfahren müssen, dass Führungskräfte nicht gerade an Glaubwürdigkeit gewonnen haben, ja die Unternehmensführung, insbesondere im Finanzbereich, einen starken Vertrauensverlust bei Mitarbeitern, Kunden und Öffentlichkeit erlitten hat. Wir können als Führungskräfte daher nicht einfach wieder zur Tagesordnung übergehen, denn

„auch die Führung steckt in der Krise"

Ich werde daher in den folgenden Kapiteln beleuchten, warum und wie auch unser Führungshandeln in die Krise geraten ist. Wir werden sehen, wie weitgehend doch das Shareholder Value-Prinzip unsere Art zu führen bestimmte, dass die letzten 30 Jahre gar einen bestimmten Typus an Top-Führungskräften hervorgebracht hatten und dass sich natürlich auch die Ausbildung von Führungskräften am allseits dominanten Shareholder Value Prinzip orientierte.

1. Der Shareholder Value – leider korrumpiert

Um zu verstehen, warum wir als Führungskräfte in einer bestimmten Art und Weise dachten und handelten, müssen wir die Entwicklungen in der Wirtschaft über die letzten 30 Jahre mit in die Betrachtungen einbeziehen. Bezeichnen wir diesen Zeitraum rückblickend – ganz ohne ideologische Wertung – als das Zeitalter des Finanzkapitalismus. Es begann mit der Deregulierung der Finanzmärkte Mitte der 80er Jahre unter Reagan und Thatcher und endete mit der Zerschlagung großer Investmentbanken in 2008. Dazwischen lag eine Periode, in der die Kapitalmärkte stärker und stärker das Geschehen in Wirtschaft und Gesellschaft zu beeinflussen begannen. Äußerlicher Ausdruck dessen war der zunehmende Hype um die Aktienbörsen. Vom Baby bis zum Greis, alle sollten wir Aktionäre werden, die Aktienmärkte würden unseren Wohlstand vergrößern (nebenbei gesagt: ganz ohne Arbeit!) und dann auch noch unsern Lebensabend finanzieren (wieder: ganz ohne Arbeit!).

Ein Traum schien nahe: „Einkommen ohne Arbeit", das spürten wir überdeutlich bei den Kurssprüngen bei Neuemissionen. Die stetig steigenden Börsenkurse versprachen Einkommen ohne Arbeit, Friedmans Postulat, dass es nie und nirgendwo „such a thing as a free lunch" geben könne, schien einer fernen Vergangenheit anzugehören. Aber seither müssen wir uns täglich in oder vor den Hauptnachrichtensendungen von atemlos hechelnden Börsenjournalisten den Verlauf der Aktienkurse anhören – es hat eben doch alles seinen Preis! Der Arm des Kapitalmarktes reichte damit bis ins letzte Wohnzimmer hinein – und erst recht in die Unternehmen!

Die Kapitalmärkte wurden zum Maß aller Dinge. Wer noch nicht an den Börsen gelistet war, musste zumindest so tun, also hätte er dies in Kürze vor. „Börsenfähigkeit" war das Zauberwort, und die Investmentbanken verkauften die Eintrittstickets in die glorreiche Welt des Kapitalmarktes – zwar nicht ganz billig, aber dafür halfen sie mit, eine aufregende „Story" für die Kapitalgeber zu schreiben. Und sie lieferten auch gleich das Vertragswerk eines faustischen Paktes: „Du – das Unternehmen – darfst am Kapitalmarkt teilnehmen, dafür musst Du Dich jedoch verpflichten, künftig alle Deine Aktivitäten an diesem Markt auszurichten. Der Kapitalgeber ist der wahre Herr, ihm und nur ihm bist Du verpflichtet". Damit war der Bezugsrahmen für die Unternehmensführung klar gesetzt: alle Unternehmensaktivitäten werden unbedingt auf den Wertzuwachs des Eigenkapitals (Shareholder Value) hin ausgerichtet. Oder mit anderen Worten:

„Der Shareholder Value war das Maß des Führungshandelns"

Um ein Missverständnis zu vermeiden: Ich wende mich keineswegs gegen den Shareholder Value als Gradmesser unternehmerischen Erfolgs. Langfristig gesehen ist dies sicherlich einer der besten Maßstäbe. Ich sehe allerdings die Anwendung des Shareholder Value dann sehr skeptisch, wenn er *absolut* gesetzt wird. Und nur noch *kurzfristig* gemessen wird. Also nicht das Prinzip selbst war schlecht, sondern dessen Auslegung: „The reality is that the shareholder value principle has not failed management; rather, it is management that has betrayed the principle" (Rappaport, A., 2006, S.1). Und genau in dieser eigenwilligen Auslegung durch das Management – Absolutsetzung und Kurzfristigkeit – formte der Shareholder Value unser Führungsverständnis- und handeln in einem ungeahnten Maße.

Zum einen wurde die ethisch-moralische Seite hiervon nicht unbedingt gefördert. Sichtbar am Verfall der Werte und Maße beispielsweise, wie er sich in überzogenen Prämienansprüchen auch in Verlustjahren oder in irrwitzigen Abfindungen bei Verlassen des Unternehmens zeigte. Sicherlich etwas überspitzt ausgedrückt, aber im Grunde ziemlich auf den Punkt gebracht, durch den früheren CEO von Medtronic und Aufsichtsratsmitglied von Goldman Sachs und Novartis Bill George: „If the markets demand that executives exploit every opportunity to increase shareholder value, then stockholders shouldn't be surprised if these executives stretch the law or look for opportunities within loopholes in the law to achieve stock market goals" (George, B., 2003, S. 3). Doch diese Werte-Fragen will ich ausblenden und versuchen möglichst wertfrei zu fragen, welche Wirkung diese unbedingte und kurzfristige Shareholder Value-Orientierung auf unser Handeln als Führungskräfte hatte.

Denken Sie kurz nach, bevor Sie sagen, das eine hätte mit dem anderen nichts zu tun! Denn ich bleibe dabei: Wie Sie während der letzten Jahre führten, entsprach dem Shareholder Value Postulat. Wenn Sie nicht schon vor den achtziger Jahren für längere Zeit eine Führungsposition inne hatten, dann können Sie als Führungskraft im Grunde genommen gar keine andere Umwelt kennen, als die in den letzten 30 Jahren vorherrschende. Sie kennen damit auch keinen anderen Führungszweck, kein anderes Führungshandeln. Sie hatten klar im Einklang mit dem herrschenden Weltbild gehandelt und damit war für Sie dieses Handeln auch selbstverständlich. Und Selbstverständliches wird eben selten hinterfragt. Außer wenn Brüche auftreten, abrupte Richtungsänderungen – eben so wie heute in der Krise, wenn alte Gewissheiten nicht mehr gelten. Daher möchte ich Sie animieren, das bisher Selbstverständliche zu hinterfragen. Sie können natürlich bequem darauf verzichten, aber ich darf Ihnen mit einiger Sicherheit eine sehr bald auftretende Orientierungslosigkeit vorhersagen.

Wovon also gingen wir als Führungskräfte in den letzten Jahren aus, was sahen wir als die Triebfeder des Unternehmens, des unternehmerischen Handelns? Erstes und oberstes Unternehmensziel war die Maximierung der Rendite auf das eingesetzte Eigenkapital der Eigner. Und zwar nicht irgendwann, sondern schon morgen! Und zwar nicht unter anderem, sondern unbedingt! Damit wurde nicht nur der Unternehmenszweck sehr eindimensional auf das Generieren von kurzfristiger Rendite begrenzt. Auch der Führungsanspruch verflachte und entpersönlichte sich damit. Starker Tobak, oder? Was haben Sie Ihren Mitarbeitern denn als den letztendlichen Unternehmenszweck vorgestellt? Wenn Sie nicht gerade in einem Non-profit-Unternehmen arbeiten, dann doch wohl nur die Wertsteigerung für die Kapitalgeber. Welcher Inhalt dominierte in den Ziel- und Leistungsvereinbarungen mit Ihren Mitarbeitern? Doch nur der kurzfristige Deckungsbeitrag bzw. oder eben die Rendite.

Um welchen Kern kreisten die jährlichen Mitarbeiter-Beurteilungsgespräche? Im Grunde um den Beitrag des Mitarbeiters oder der Führungskraft zur Wertsteigerung des Unternehmens, was denn sonst? Bei den Leistungsbeurteilungen für Führungskräfte war eines immer klar: der Kapitalmarkt oder die Eigner fordern eine Rendite von x%, damit war die Zielmarke gesetzt, alles andere davon abgeleitet. Gespräche ließen sich so auch schnell beenden: „Bringen Sie erst mal die Rendite, dann sprechen wir weiter". Warum lange nach Begründungen suchen, warum lange argumentieren, warum überzeugen oder diskutieren? Wer als Führungskraft nicht anders wollte, dem bot der Shareholder Value leicht Deckung.

„Mit der Absolutsetzung des Shareholder Value Prinzips wurde die Führungsarbeit immer unpersönlicher"

Im mächtigen Schatten des Shareholder Value konnten sich alle Arten von Persönlichkeitsschwächen und Führungsmängeln prächtig entwickeln. Das alles dominierende Paradigma erlaubte der Führungskraft, so sie denn wollte, Persönliches so weit wie möglich auszublenden. Elementare Führungsarbeit wie Zuhören, Überzeugen, Wertschätzen, Kritik, Begründen wurden mehr und mehr eingespart. Das hat sich meiner Erfahrung nach in den Jahren vor der Krise wesentlich vertieft. Das aktive Auseinandersetzen mit den Mitarbeitern nahm über die letzten Jahre hinweg stetig ab. Führung wurde nicht länger als „Arbeit" begriffen, als einen Aspekt der betrieblichen Wirklichkeit, der täglich neu gelebt werden musste, der der stetigen und nachhaltigen Gestaltung und Pflege bedarf, zu dem auch eine aktive Auseinandersetzung bis hin zum Konflikt gehört.

Doch selbst der Umgang mit Konflikten wurde allzu oft noch als lästig empfunden und rasch auf externe Experten geschoben. „Dann lass ich den Coach mal kommen und die Sache renkt sich wieder ein", so eine Führungskraft auf die Frage, wie denn das Zerwürfnis zwischen ihm und seinen Mitarbeitern wieder ins Lot gebracht werden könnte. Prima!, her mit den Psycho-Therapeuten! Entlastet die Führungskraft von der unangenehmen Bürde des persönlichen Einsatzes. So wie in einem bekannten Bonmot „es nur die Kunden sind, die den an sich schönen Alltag im Unternehmen immer wieder stören", so scheinen in diesen Fällen die Mitarbeiter als Störfaktor im hehren Alltag von Top-Führungskräften aufzutreten.

Und noch eine andere Blüte gedieh äußerst üppig im Schatten des Shareholder Value – die sogenannte „leistungsgerechte Bezahlung", vulgär auch „Prämie" genannt. Bis Ende der achtziger Jahre des vorigen Jahrhunderts war die Prämie oder der Bonus noch kaum verbreitet. Lediglich in den bildschirmstarrenden Handelsräumen der Banken wurden – heute weiß keiner mehr so genau, warum eigentlich – Prämien an die Händler ausgeschüttet. Vielleicht war es der eindimensionale Inhalt der Arbeit, der damit kompensiert wurde, oder die Einfachheit der Erfolgsmessung. Jedenfalls schwappte im Laufe der Neunziger die Boni-Welle aus den Handelsbereichen in die übrigen Bereiche der Banken.

Keine Arbeit mehr ohne Prämie, denn die Bezahlung musste ja schließlich leistungsgerecht sein. Und leistungsgerecht war alles, was zur Steigerung des Unternehmenswertes beitrug. Junge Führungskräfte, die in dieser Welt aufwuchsen, lernten, dass Mitarbeiter ohne einen Prämienanreiz nicht an ihrem Leistungsmaximum arbeiten würden.

Oder anders ausgedrückt: Mitarbeiter, so die herrschende Meinung, bedürften nicht nur der ständigen Motivation (Reinhard Sprenger hat dies dankenswerter Weise schon früh in Frage gestellt, s. Sprenger, R., 1994), nein, es müssen auch noch materielle Anreize sein. „Unternehmerisch" sollte der Mitarbeiter denken und handeln – aber bitteschön immer im Rahmen der Konzern-Richtlinien! Nicht mehr der Schwierigkeitsgrad der Arbeit oder der Umfang der Anforderungen bestimmte das Gehalt (wie das lange Zeit so üblich war!), sondern die sogenannte Leistungskomponente.

Der Wert der Arbeit wurde dabei letztlich nur noch am Beitrag des Mitarbeiters zum Quartalsergebnis gemessen. Und die Führungskraft brauchte sich daher nicht um Arbeitswerte und –inhalte oder Arbeitszeiten zu kümmern, musste sich kaum mit Leistungsfaktoren oder Teamarbeit befassen. Um es auch hier noch einmal etwas überspitzt zu sagen: die Führungskraft musste im Grunde nur noch die Karotte aufhängen, die Länge des Stabes bestimmen und der Esel lief drauf los! Einmal das Prämiensystem konzipiert, wurde es zum Selbstläufer. Das Gespräch mit dem Mitarbeiter über die Quartalszahlen wurde sodann zur „Führungsaufgabe" hochstilisiert, mehr brauchte es nicht – und der Esel wird schon weitertraben, so dachten wir. Oh, wie haben wir uns da geirrt! Auch noch so hohe Prämiensätze machen aus einem Angestellten keinen Unternehmer! Auch noch so hohe Prämien erhöhen nicht die Loyalität der Mitarbeiter, im Gegenteil! Loyalität musste – zumindest im Investmentbanking – immer teurer erkauft werden, letztendlich gar durch eine ganz besonders saftige Karotte, die sogenannte Bleibeprämie. Hier erhielt ein Mitarbeiter eine Prämie dafür, dass er das Unternehmen nicht wechselte! Verzeihung, das war natürlich nicht nur auf Mitarbeiter beschränkt, es waren vor allem Vorstände und Führungskräfte, die sich solch wohlwollendem Ansinnen ihrer Aufsichtsgremien nicht widersetzen wollten. Aber wollten wir als Führungskräfte denn eigentlich solche Mitarbeiter? Nein, einen solchen Typus zu schaffen war sicherlich nicht unsere Absicht. Doch die Vorherrschaft materieller Anreize und die damit geförderte Gier war letztlich eine unvermeidliche Folge der Auslegung des Shareholder Value-Prinzips durch das Management und prägte unser Führungsverständnis:

„Mitarbeiter-Führung im Zeitalter des Shareholder Value baute auf einem extrem materiell orientierten Menschbild"

Doch der lange Arm des Shareholder Value reichte noch viel weiter in unser Führungsverständnis hinein. Der Blickwinkel der Führungskräfte verengte sich zusehends. Denn in deren Blickpunkt stand eine Gruppe, deren Interessen den Vorrang vor allen anderen „Interessengruppen" erhielten: die Kapitalgeber. Sie alleine zählten, auch wenn in den Sonntagsreden der Führungskräfte immer wieder scheinheilig von den Mitarbeitern als dem „wichtigsten Kapital" des Unternehmens die Rede war (und ist). Sie werden nun einwenden, dass die Interessen beider doch gar nicht so weit auseinander lägen. Damit haben Sie ja recht, und ich selbst bin weit davon entfernt, die „Internationale" anzustimmen und an dieser Stelle den Klassenkampf auszurufen. Aber unter Führungsgesichtspunkten geht es nicht so sehr darum, ob die Interessen verschieden seien oder nicht. Es geht aber schon um die Frage, welche Interessengruppen jenseits der Kapitalgeber denn überhaupt Berücksichtigung finden, das heißt in der Alltagswelt der Führungskraft denn überhaupt eine Rolle spielen? Und die Antwort auf diese Frage bestimmt in ganz elementarer Weise das Führungsverständnis.

Werfen wir zur Verdeutlichung einen Blick in die USA. Im „Business Roundtable" sind die Vorstandsvorsitzenden der 200 führenden Unternehmen in Amerika zusammengeschlossen. In den siebziger Jahren erklärten diese, „... that one job of managers was to balance the legitimate claims of all the constituencies of a business: shareholders, customers, employees, communities, suppliers, and society at large" (Malone, Th., 2004, S. 172). Es gab also mehrere Anspruchsgruppen, mit allesamt legitimen Interessen und die Unternehmensführung verstand sich als Mittler zwischen diesen Gruppen. Diese Haltung veränderte sich innerhalb der nächsten zwanzig Jahre radikal, denn „...by 1997 the same group was saying the opposite in its Statement on Corporate Governance: "The notion that the board must somehow balance the interests of stakeholders against the interest of other shareholders fundamentally misconstructs the role of directors" (Malone, Th., 2004, S. 172). Oha, eine Kehrtwendung um 180 Grad! Die natürlich Konsequenzen nach sich zog:

„Führung im Zeitalter des Shareholder Value hat die Bedeutung des Interessenausgleichs verlernt"

Lange bevor der Shareholder Value das Gewinn-Maximierungs-Prinzip auf die Spitze trieb, galt das Unternehmen noch als ein Geflecht unterschiedlichster Anspruchsgruppen. Und genauso war der Gewinn noch ein Mittel zum Zweck, und eben nicht der Endzweck, wie Charles Handy prägnant auf den Punkt brachte: „The purpose of a business is not to make a profit, full stop. It is to make a profit in order to enable it to do something more or better. What that something is becomes the real justification for the existence of the business." (Handy, Ch. B., 2007). Und daher spielten eben neben den Aktionären auch noch die Mitarbeiter, die Kunden, die Lieferanten und die Öffentlichkeit eine Rolle. Denn sie alle sind auf die ein oder andere Art am Zustandekommen und der Aufrechterhaltung des Unternehmenserfolges beteiligt, ja gar Garanten für den langfristigen Fortbestand des Unternehmens selbst.

Der Unternehmer „alten Schlages" wusste noch um dieses Beziehungsgeflecht. Nicht aus einem mildtätigen Impetus heraus, nicht aus karitativem Antrieb, sondern in erster Linie um die Nachhaltigkeit des Unternehmenserfolges zu gewährleisten, hatten diese Unternehmer den Stakeholdern den ihnen gebührenden Platz eingeräumt. Sie wussten, dass am Unternehmenserfolg auch andere partizipieren mussten, als nur die Aktionäre, wollte man langfristig mit ihnen in Beziehung bleiben; sie wussten, dass Mitarbeiter Sinn und Wertschätzung brauchen, will man nicht illoyale und denkfaule Arbeitsmaschinen heranziehen; sie wussten, dass ohne Transparenz keine nachhaltige Akzeptanz in der Öffentlichkeit zu gewinnen war, die das Unternehmen dann auch langfristig trug. Das Unternehmen wurde in jenen Zeiten eher noch betrachtet als "... a community, a community that you belong to, like a village. ... You are a member and you have rights." (Handy, Ch. B., 1989). Doch davon war im Shareholder Value Zeitalter nicht mehr viel zu spüren.

Die Vorstellung eines Rekordgewinns von sechs Milliarden Euro verbunden mit der Ankündigung der Entlassung von Tausenden von Mitarbeitern zur weiteren Steigerung der Aktienrendite durch eine deutsche Großbank stellte gleichzeitig Gipfel und Endpunkt der Shareholder Value-Periode dar. Selten trug man Kurzsichtigkeit und Ignoranz so offen zu Markte wie in diesem Falle. Aber: mit einem Aufschrei entzog die Öffentlichkeit diesem Prinzip ihre weitere Zustimmung und in der Folge entpuppten sich viele der vorher gefeierten und selbsternannten Visionäre bei näherem Hinsehen kaum als mehr als kurzsichtige Buchhalter der Aktionärsinteressen.

Halten wir also fest, dass Shareholder Value nicht nur eine Forderung der Kapitalgeber war, sondern ein Weltbild formte, innerhalb dessen sich unmerklich auch die Führung, das Führungsverhalten, der Führungsstil anpasste. Führung à la Shareholder Value wurde „selbstverständlich“ und wurde bis zur Krise kaum mehr hinterfragt.

2. Der “Celebrity Leader” – feierte noch am Abgrund

Führung hat immer auch Leitfiguren. Nicht notwendigerweise im eigenen Unternehmen, sondern vorzugsweise außerhalb. Persönlichkeiten, die für die Mehrheit der Führungskräfte wenn nicht schon Vorbild, dann doch zumindest eine Art „Idol“ darstellen. Deren Führungsstil gepriesen, deren Ergebnisse bewundert und die nicht selten von den Medien mit Auszeichnungen wie „Manager des Jahres“ hervorgehoben werden. Sie repräsentierten den Zeitgeist, das Weltbild in ganz besonderem Maße. Fragen wir uns also, welcher Typus uns denn in den letzten 10, 20 Jahren als Vorbild diente – und was wir von ihm lernen wollten.

„One of the truly dreadful trends of the 1990s was the emergence of the celebrity CEO“, meint der amerikanische Management-Professor Warren Bennis (Bennis, W., 2003, S. xii). Nein, nicht der deutsche “Frühstücksdirektor” ist damit gemeint, der wäre an sich noch harmlos und sicherlich kein “wahrhaft furchterregender Trend“. Gemeint ist vielmehr ein Unternehmenslenker, dem in der Öffentlichkeit der Status eines Film- oder Musikstars zugeschrieben wird – und der sich dann auch noch so verhält! Doch auch das wäre im Grunde noch wenig aufregend, die „legendären“ Unternehmensführer standen stets im Blickpunkt der Öffentlichkeit und ließen sich auch gerne feiern. Da musste also noch ein wenig mehr sein, als nur die Berühmtheit. Collins beschreibt den Typus der vergangenen Jahre als den „dazzling celebrity leader“ (Collins, J., 2001) was man in etwa übersetzen könnte als „Blender mit einem egozentrischen Hang zur Selbstdarstellung“. Das war sie, die Leitfigur des Shareholder Value – Zeitalters.

Warum um Himmels Willen brauchte die Shareholder Value – Wirtschaft einen solchen Typus als Top-Führungskraft? Hatten Sie sich vorher auch nie gefragt, oder? Begann Ihnen vielleicht auch erst ab Enron zu dämmern, dass die Art zu wirtschaften und der Typus der Top-Executives doch irgendwie zusammenhängen? Und wir reden hier nicht von den Jungs in Sportschuhen, die im Internet-Hype der 90er Jahre vermeintliche Werte aus dem Nichts des großen Web-Universums zauberten. Wir sprechen hier von etablierten Groß- und Mittelunternehmen und ihren Führungsspitzen.

Mächtigste Instanz des Shareholder Value Zeitalters war der Kapitalmarkt. Doch nur derjenige fand hier Gehör (und damit Kapital), der sein Produkt, seine Dienstleistung in eine aufregende „Story“ verpacken konnte. Eine „Börsenstory“ also, die die Phantasie der Anleger anregen sollte, die von Kühnheit und Globalisierung handelte, die visionäre Einzigartigkeit versprühte. Und wer nicht konnte diese Story besser verkaufen als eben genau jener „dazzling celebrity leader“. Mit dem Drehbuch aus der Feder der Investmentbanken in der Hand wurde er auf „Road Shows“ und „Capital Market Events“ gesichtet, wo er dem Auftritt eines Musikstars in nichts nachstand – umjubelt von einer unkritischen Presse, unter schier grenzenloser Bewunderung einer immer gieriger werdenden Anlegerschar.

Und das prägte die Führung, – auch jener Unternehmen, die nicht am Kapitalmarkt waren. Denn ausschließen konnte oder wollte man das andererseits ja auch nicht. “Börsenfähigkeit“ war das Schlagwort, denn wenn man schon nicht kurzfristig am Kapitalmarkt sein konnte, so konnte man das doch zumindest anstreben. Und auch so handeln. Außenwirkung war gefragt, Selbstdarstellung. Hier führten „Visionäre“, deren „Visionen“ zumeist dünne Seifenblasen waren, die schon beim ersten Anschein der Krise zerplatzten. Die nach innen und nach außen Geschichten, aber keinen Sinn vermittelten. Die mehr auf Empfängen und PR-Veranstaltungen, als im Unternehmen zu sehen waren. Und die damit intern, sowohl für die Führungskräfte als auch für die Mitarbeiter, kaum mehr als Person präsent und greifbar waren. Die Botschaft der celebrity leader an Ihre Führungskräfte während der vergangenen Jahre des Shareholder-Value-Zeitalters war eindeutig und klar:

„Die Führungsaufgabe besteht vor allem in der der Inszenierung und der Repräsentation“

Das lernten die Führungskräfte der mittleren und unteren Ebenen im Unternehmen denn auch recht schnell. Die Mitarbeiter wurden in „Events“ motiviert, die oftmals mehr einem Pop-Konzert glichen oder gleich nach Dubai verlegt wurden. Den Oscar der Kommunikation erhielt die beste Power-Point-Folie. Führung war nicht länger Führungsarbeit, zu der geduldiges Zuhören ebenso gehört wie die Wertschätzung im persönlichen Gespräch. Führung war nicht länger personenbezogen, nah dran an jenen, die geführt wurden. Führung war kaum mehr authentisch, Führung war vielmehr dazu da, eine bestimmte Person zu inszenieren, sie aber weder zu fordern noch gar in unverfälschter Form zu zeigen.

3. MBA – die kalten Management-Techniker

Wen wundert's, dass sich die Ausbildung der zukünftigen Top-Führungskräfte dem vorherrschenden Trend denn auch unverzüglich anpasste. Ab den 90er Jahren schossen, zuerst in Amerika, dann nach Europa überschwappend, MBA-Studiengänge aus dem Boden wie die Pilze nach einem Regen im August. Gerne wurde der MBA post-graduate, also nach einem Studium, anstelle eines Doktorates gebucht. Galt er doch einerseits als Inbegriff „amerikanischer" Unternehmensführung, somit strikt shareholder-orientiert und gleichzeitig von einer hohen Arbeitsdisziplin zeugend.

Während sich nun über die letzten 10 Jahre die Zahl der MBA-Absolventen drastisch erhöhte, fiel die Mitarbeiter-Motivation in den Unternehmen parallel dazu ebenso dramatisch in sich zusammen. Was lief da falsch? Wir hatten doch gerade auch unsere zukünftigen Führungskräfte in die Richtung eines MBA-Abschlusses ermutigt. Und beeindruckte uns nicht diese eiserne Arbeitsdisziplin, mit der MBA-Teilnehmer Unmengen an Lehrstoff in kurzer Zeit verarbeiteten? Fredmund Malik spricht klar und deutlich aus, dass es nicht nur die „Shareholder-Fixierung" ist, an der diese Art der Ausbildung krankt, sondern: „Die gängigen europäischen MBA-Ausbildungen werden oft verwechselt mit einer Ausbildung in Führung. Stattdessen sind sie eine Schulung in Business Administration, was nichts anderes als betriebswirtschaftliche Verwaltung ist. Diese MBAs lehren nicht das antizipatorische, unternehmerische oder gar strategische Handeln, das man für die Führung von Unternehmen braucht" (Malik, F., 2009, S.1). Oder kurz ausgedrückt:

„Die MBA-Ausbildung schuf bestenfalls Verwaltungs-Manager, sicherlich aber keine Unternehmens-Führer"

Aber damit nicht genug. Die reine Sachorientierung der meisten MBA-Studiengänge ließ keinerlei Raum für Elemente der Persönlichkeitsentwicklung oder der sozialen Beziehungen, sie kamen folglich dann auch im Denken und Handeln der Führungskräfte in der nachfolgenden Praxis nur unzureichend vor. Daniel Goleman bemängelte denn auch schon im Jahr 2004 die viel zu enge Ausrichtung der „.... standard MBA-programs, where there is little to no attempt to enhance emotional intelligence abilities" (Goleman, D., Boyatzis, R., 2004, S. 105). Auch die Vermittlung der gewaltigen Mengen an Lehrstoff erfolgt in erster Linie kognitiv, woran auch die immer wieder gern hervorgehobenen Teamarbeiten nichts ändern.

Hier wurden Technokraten herangezogen, deren Menschen- und Führungsbild vom unersättlichen homo-oeconomicus dominiert wurde. „Du steuerst die Mitarbeiter am besten über ein geringes Fixgehalt und eine hohe variable Komponente, dann sind sie Unternehmer, dann laufen sie los. Im Grunde wollen die doch einfach nur mehr Kohle", so vertraute mir eine im Wertpapiergeschäft tätige Führungskraft einer deutschen Retail-Bank seine persönliche Führungsphilosophie an. Schon beeindruckend, welch tiefes Verständnis der menschlichen Beweggründe sich hier zeigt! Wir dürfen vermuten, dass das Führungshandeln von ebensolcher Schlichtheit geprägt war. Aber leider hatte ihm sein MBA-Studiengang keine Gelegenheit geboten, seine Vorstellungen vom Menschen, seine Sozialbeziehungen, seinen Führungsstil wirkungsvoll zu reflektieren.

Schade eigentlich, denn gerade gestandenen Praktikern und Führungskräften könnte ein kritisches Hinterfragen ihrer Denkweisen und eine vertiefte Reflexion ihrer Beweggründe im Rahmen einer studienbedingten „Auszeit" nach einigen Berufsjahren äußerst hilfreich sein. Nach fünf oder zehn Jahren in Führungspositionen wäre einerseits bereits ein wertvolles Erfahrungspotential vorhanden, das ausreichend Grundlage für eine vertiefte Auseinandersetzung böte. Andererseits wären diese Erfahrungen dann noch ausreichend elastisch und formbar und könnten durch eine reflexionsintensive Auszeit vor einer Verfestigung oder gar Erstarrung bewahrt werden. Wir sollten daher die Krise zum Anlass nehmen, auch für den MBA eine neue Perspektive zu entwerfen.

MBA-Studiengänge waren also die folgerichtige Begleiterscheinung des Shareholder Value-Zeitalters. Anstelle von Persönlichkeitsentwicklung setzten sie auf instrumentelles Wissen, anstelle von Leadership vermittelten sie Management-Techniken. Beides passte in der Vergangenheit nahtlos in das Shareholder-Value-definierte Handeln der Führungskräfte in Banken und Unternehmen. Aber in der Zukunft? Sind wir mit einem solchen Instrumentenkasten, mit einer verwaltungsorientierten Management-Haltung gerüstet für die neuen Anforderungen an die Führung? Wie sehen diese neuen Anforderungen denn aus, von welchen neuen Rahmenbedingungen werden sie bestimmt? Das sind die Fragen, auf die wir im nächsten Abschnitt eingehen werden.

Zeit zum Wandeln

Kapitel III

Führung nach der Krise – Quo vadis?

Wir stehen an der Schwelle zu einem neuen Abschnitt. Das Zeitalter des Shareholder Value neigt sich dem Ende zu. Auch wenn deren führende Vertreter, allen voran die Investmentbanken, sich dieser Entwicklung noch lautstark entgegen stemmen. Als verantwortliche Führungskräfte müssen wir jedoch die „winds of change" frühzeitig erspüren. Sensibel sein für die kommenden Änderungen im Weltbild, uns auf einen möglicherweise grundlegenden Paradigmen-Wechsel einstellen. Müssen erahnen, wie sich die Rahmenbedingungen, die Umwelt, innerhalb derer wir führen, verändern könnten. Stimmt, so werden Sie sagen, wenn es um's Geschäftliche geht. Da brauchen wir das Gespür, da müssen wir die Nase vorn haben. Hat aber mit unserem Führungsverhalten im Grunde doch nichts zu tun, oder? Ich glaube, da hat wer das zweite Kapitel überschlagen, nicht wahr? Denn dort hatten wir entdeckt, wie das „alte" Paradigma des Shareholder Value unser Führungsverhalten noch bis ins kleinste Mitarbeitergespräch hinein geprägt hatte. Und das unbewusst. Und ganz gut getarnt unter dem Mantel der Selbstverständlichkeit. Erspüren wir also den Wandel, der da auf uns zu kommt. Ziehen wir Schlussfolgerungen für unser Handeln als Führungskräfte. Denn

Führungsverhalten ist nicht nur ein Ergebnis der persönlichen Biographie, sondern auch ein Produkt des herrschenden Paradigmas.

Suchen wir sie also, die ganz großen Strömungen, die sich so nachhaltig in die Muster unseres Führungshandelns eingraben. Nicht etwa um später dann triumphierend feststellen zu können, dass wir uns „richtig" verhalten haben. Oder gar fingerzeigend über andere urteilen, die sich „falsch" verhalten würden. Nein, es geht hier nicht um Moral, zumindest nicht in erster Linie. Es geht zunächst einmal schlicht und

einfach darum, innerhalb vorgegebener Rahmenbedingungen effizient und nachhaltig wirksam führen zu können. Deshalb müssen wir die Rahmenbedingungen abschätzen – und daraus Schlüsse für unser Führungsverhalten ziehen.
Betrachten wir daher im Folgenden drei der wesentlichen Strömungen, die sich in den nächsten Jahren herausbilden werden. Die unseren Führungsalltag bestimmen werden und denen wir, um wirksam zu führen, in unserem Führungsverständnis und -verhalten entsprechen müssen. Worauf also müssen wir uns einstellen?

- **Die Welt im Unternehmen wird bunter werden.** Vielgestaltiger an Einflüssen. Einfach weil sich neben den Kapitaleignern zukünftig weitere Anspruchsgruppen zu Wort melden werden. Und das mit im Grunde ganz legitimen Ansprüchen!
- **Vertrauen wird zum obersten Prinzip** in den Beziehungen zu Mitarbeitern, Kunden und Öffentlichkeit erklärt werden (müssen). Damit wird dem massiven Vertrauensverlust aus den Zeiten der Krise begegnet. Das gilt in erster Linie für das Management der großen Finanzinstitute. Damit sind neue Anforderungen an die Führungspersönlichkeiten verbunden.
- **Nachhaltigkeit wird zu einer wesentlichen Zielgröße werden.** Einmal-Erfolge, schnelle Spekulationsgewinne werden in Zukunft nicht nur weniger Anerkennung finden, sie werden vielmehr kritisch im Hinblick auf deren Nachhaltigkeit hinterfragt – und mit Sicherheit nicht mehr so großzügig wie bisher „prämiert“ werden.

1. Die Unternehmenswelt wird bunter – die Stakeholder sind zurück!

Nun, trübe war sie nicht gerade, die Welt in den Unternehmen und Banken während der letzten dreißig Jahre – von den Krisenzeiten einmal abgesehen. Etwas uniform war sie allerdings schon. Denn da gab es auf der einen Seite die Ansprüche der Kapitaleigner – und die dominierten schlicht und einfach das Bild. Aber das hatten wir ja im vorigen Kapitel schon gesehen. Fragen wir uns also hier, welche Gruppen denn noch mit Ansprüchen „an das Unternehmen“ herantreten, und welche Interessen diese mitbringen? Und schließlich dann die uns hier interessierende Frage: Was hat das schon wieder mit Führung zu tun, welchen Bezug zum Führungsverhalten lässt sich da denn finden?

Filtern wir also zunächst einmal aus dem Universum der Interessen jene Gruppen heraus, deren Ansprüche an die Unternehmen als „legitim" gelten. Das sind in erster Linie die Mitarbeiter, auch deren Vertreter auf Betriebs- und Branchenebene, die Kunden, der Staat (angefangen von den Gemeinden bis zur Zentralregierung) und die Öffentlichkeit. Man könnte nun noch die Lieferanten, Partnerunternehmen, die Krankenkassen und die Verbände hinzuzählen, aber um eine allumfassende Vollständigkeit geht es hier nicht. Entscheidend vielmehr ist, dass neben den Kapitalgebern weitere Gruppen mehr oder weniger gleichrangig auftauchen, die in die Kommunikation und das Netzwerk des Unternehmens mit einbezogen werden müssen. Diese zusätzlichen Gruppen tauchen natürlich nicht einfach so aus dem Nichts auf. Als physische Gruppe waren sie immer präsent, doch ihre Ansprüche im Zeitalter des Shareholder Value wurden als zweitrangig angesehen. Anders gesagt, sie waren den Interessen und Ansprüchen der Kapitaleigner nachgeordnet. Oder wurden im Konfliktfall gleich ganz fallengelassen.

Nachdem in der Krise insbesondere das Finanzsystem mit einem massiven Einsatz an öffentlichen Mitteln gestützt werden musste, drängen sich nun die bisher weiter hinten stehenden Interessengruppen nach vorn. Bringen ihre Ansprüche vehement hervor und wollen sich nicht länger als nachgeordnet oder untergeordnet verstehen. Nehmen wir den Staat: Galt er noch im Shareholder Value Zeitalter beinahe als Gegner der Unternehmen und Banken, den es auf breiter Front zurück zu drängen galt, so änderte sich das Bild schlagartig. Mit der Krise war der Staat mit einem Male der letzte und einzige Garant der Stabilität, bewahrte Banken und das Finanzsystem vor dem Kollaps, gewährte Unternehmen Zuschüsse zur Überbrückung der Absatzflauten, breitete mit großzügigen Konjunkturprogrammen ein Fangnetz unter die angeschlagene Wirtschaft. Und verfügte mit einem Male über ein deutlich entwickeltes Selbstbewusstsein, das ihn auf „Augenhöhe" mit den Banken und Unternehmen verhandeln ließ. Wir dürfen die Prognose wagen, dass dies auch über die nächsten Jahre so bleiben wird:

Der Staat ist zurück mit deutlich erhöhten Gestaltungsansprüchen an die Unternehmen.

Er wird dabei Regeln und Transparenz verschärfen und wird von der Unternehmensführung nachdrücklich ein „angemessenes" Verhalten und wohl auch eine gewisse Orientierung am Gemeinwohl einfordern. Denken wir nur daran, wie schnell in Deutschland ein Gesetz vorlag, das die Aufsichtsräte von Kapitalgesellschaften zur Beurteilung „angemessener" Vorstandsvergütungen anhält. Hier wird zwar nicht direkt eingegriffen, direkt vorgeschrieben – aber der Gestaltungsanspruch des Staates ist unübersehbar: Richtet eure Unternehmen so ein, dass diese auch mit dem Gemeinwesen verträglich sind. Da wird das Management zukünftig noch so manches Mal in einen öffentlichen Dialog über verantwortliches und nachhaltiges Wirtschaften treten müssen. Und wer dabei glaubt, mit Betrachtungen über die Eigenkapital-Rendite durch zu kommen, der wird sich sehr rasch mit massiven Akzeptanzproblemen – sowohl in Bezug auf seine Person als auch auf das Unternehmen – konfrontiert sehen.

Nehmen wir die Mitarbeiter und ihre Organisationen als weitere Interessengruppe. Das rasante Wachstum der letzten 30 Jahre erlaubte die Erhöhung der Einkommen, zumeist ohne dabei größere Verteilungskämpfe führen zu müssen. Variable Gehaltssysteme, Prämiensysteme, Bonifikationen fanden aus den Handelsabteilungen der Banken ihren Weg bis in die Abwicklungsabteilungen von Unternehmen. „Leistungsbezug" war das Zauberwort, mit dem sich Erhöhungen der Fixgehälter vermeiden ließen und die Einkommen trotzdem steigen konnten. Die damit verbundenen Wirkungen haben wir im letzten Abschnitt bereits besprochen. Wenn jedoch aufgrund von geringerem Wachstum die Verteilungsspielräume enger werden, wenn die Akzeptanz variabler Vergütungen (zumindest in der bisherigen Form) deutlich zurückgehen wird, wenn das Klima rauer wird, dann kommen Themen wie

Mitsprache und Transparenz, Information und Sinngebung

wieder auf die Tagesordnung. Mitwirkungsrechte werden seitens der betrieblichen und überbetrieblichen Interessenvertretungen formuliert werden, denn die Lasten der Krise werden wohl von der Mehrheit der unselbständig Beschäftigten getragen werden müssen. Das gleiche gilt für Forderungen nach Transparenz und Information. Hören Sie sich bei Ihren Mitarbeitern doch einmal um! Da wird inzwischen schon über die Nachhaltigkeit der Unternehmensgewinne diskutiert („ich möchte ja langfristig hier arbeiten, da nützen schnelle Gewinne nichts"), da ist schon eine hohe Sensibilität hinsichtlich der auseinandergehenden Gehaltsstrukturen in den Unternehmen vorhanden („uns werden die Prämien gekürzt, bei der Geschäftsführung steigen die Fixgehälter ...“), da werden ehrliche Antworten zur Situation des Unternehmens gefordert („ich will doch nicht ständig aus der Zeitung erfahren müssen, wie es uns geht“).

Und dann die Frage nach dem „Sinn“! Wurde ja in den letzten Jahren geradezu als Relikt der Nachkriegs-Wirtschaftsgeschichte belächelt. Sinnfragen waren das absolute Nicht-Thema im Management! Doch der Bruch in der wirtschaftlichen Entwicklung wird im Unternehmen Fragen fördern wie „Warum machen wir das Ganze denn überhaupt – bloß wegen Gewinn und Rendite?“ Nein, das kann tatsächlich nicht alles gewesen sein. Und was da noch sein könnte, das muss die Führungskraft den Mitarbeitern doch auch vermitteln können! Ach herje, schießt Ihnen nun durch den Kopf, nun will der mir sagen, dass ich philosophische Gespräche mit meinen Mitarbeitern führen solle? Kein Grund zur Panik, ich halte das mit Viktor Frankl ganz pragmatisch: „Sinn kann nicht gegeben, sondern muss gefunden werden“ (Frankl, V., 1992, S. 22). Sich mit dem Mitarbeiter auseinandersetzen, auf den Mitarbeiter eingehen, ihm dabei helfen, „seinen“ Sinn zu finden – dazu brauchen Sie keinen Grundkurs in Philosophie! Dazu reichen Einfühlungsvermögen und Wertschätzung, aber das ist auch nicht gerade einfach, oder? Denn dazu müssen Sie zuerst einmal erspüren, welche Fragen die Mitarbeiter denn wirklich so bewegen...

Auch weitere Gruppen an Stakeholdern werden zukünftig eine Aufwertung erfahren, einfach schon deshalb, weil der Staat sie mit einer größeren Durchsetzungsmacht ausstatten wird. Ganz im Sinne seines neuen Gestaltungsanspruches. Der Konsumentenschutz wird insbesondere im Finanzdienstleistungssektor sich deutlicher als bisher Gehör verschaffen, mit Ansprüchen an die Transparenz von Produkten und Preisen, an den Verkauf und die Sicherheit der Vertriebswege. Umweltverbände werden – ebenfalls mit dem Rückenwind des Staates und einer zunehmend kritischen Öffentlichkeit – das Thema des nachhaltigen Wirtschaftens in den Unternehmensalltag einbringen. Nicht gerade neu, werden Sie sagen. Richtig, kann ich da nur antworten. Der Unterschied ist jedoch der, dass sich die Unternehmensführungen nun damit ernsthaft auseinandersetzen *müssen*. Sie können solche Ansprüche nicht länger mit „Erfordernissen des Kapitalmarktes“ abweisen oder zerreden. Denn das Paradigma ist bereits zerbröselt und das Vertrauen in die Fähigkeiten des Managements der Unternehmen zu tief gesunken, als dass es sich das Management noch leisten könnte, Interessengruppen einfach zu ignorieren.

Das Umfeld der Führung wird zukünftig bestimmt werden durch die Vielfalt an Stakeholdern und deren Interessen.

Ganz in diesem Sinne formulierte eine Gruppe der 34 weltweit einflussreichsten Vordenker des Managements bereits in 2009: „Fully embed the ideas of community and citizenship in management systems. There's a need for processes and practices that reflect the interdependence of all stakeholder groups" (Hamel, G., 2009, S. 94). Damit wird sich die Führungskraft zukünftig stärker als bisher mit anderen Werten und Wertsystemen, mit neuen Sichtweisen, mit andersartigen Verhaltensweisen des „Gegenübers" auseinandersetzen müssen. Sowohl die Vielzahl der Akteure als auch die Vielfalt der erhobenen Ansprüche werden zunehmen. Und müssen ernst genommen werden. Die Lebenswelt des Managements wird damit bunter und vielgestaltiger werden und sich von einer unipolaren zu einer multipolaren Wirklichkeit entwickeln. Das hat Konsequenzen für die Führung, für das Führungsverhalten und vor allem – für die Anforderungen an die Persönlichkeit des Führenden.

2. Persönlichkeit ist wieder gefragt – und wie!

In der Früh das Treffen mit Gemeinderäten, später dann eine Verhandlung mit dem Betriebsrat, darauf die Telefonkonferenz mit dem Analysten und schließlich noch eine Gesprächsrunde mit Verbraucherschützern. Ob daraus jeweils ein Dialog entsteht, hängt entscheidend davon ab, ob der andere überhaupt verstanden wird – was ihn bewegt, was ihn antreibt, was er will. Nicht als Einzelperson, sondern als Vertreter einer Gruppe, die in Beziehung zum Unternehmen steht. Die eben nicht nur eine Forderung präsentiert, sondern ihre Sicht vom Unternehmen einbringt. Dafür braucht es ein gerüttelt Maß an Empathie, also das Sich-Hineinversetzen-Können in andere, die dafür notwendige Offenheit, das vorurteilslose Zugehen und intuitive Eingehen auf die anderen.
Wirksam wird Führung in einem solchen Umfeld also erst, wenn es ihr gelingt, produktive Vertrauens-Beziehungen zu den Vertretern der verschiedenen Stakeholder-Gruppen aufzubauen – und diese Beziehung

dann sowohl für das Unternehmen als auch für die Stakeholder vorteilhaft zu gestalten. Nicht einfach nur Kompromisse zu finden, das wäre billig und würde auf Dauer in der Mittelmäßigkeit des Unternehmens enden. Nein, die Beziehungen so zu gestalten, dass am Ende für alle Beteiligten ein echter Mehrwert entsteht, das ist wahre Führungskunst. Heißt andersrum betrachtet, dass die Beziehungen so gestaltet werden müssen, dass beide Seiten – Führungskraft und Stakeholder – ihre Potenziale entfalten können. Nur so kommen wir zu einem Mehrwert für das Unternehmen. Und dazu braucht es Vertrauen und gemeinsamen Sinn. Die zu gestalten ist die eigentliche Aufgabe der Führungskraft.

Das sollten Sie nun keinesfalls als ein Plädoyer für den Vorrang von „soft skills“, um in der alten Terminologie zu bleiben, auffassen. Das wäre wirklich viel zu kurz gegriffen. Denken Sie also nicht daran, nun gleich das Seminar „Verhandlungsführung mit dem Betriebsrat“ oder den Fortgeschrittenen-Kurs „Wirtschaftsmediation mit Verbänden“ zu buchen. Denn bei all dem Gesagten geht es nicht um eine verbesserte Kommunikationstechnik, oder um Instrumente der Verhandlungsführung oder gar um einen „Softie-Alles-Versteher“-Ansatz. Das wäre Stückwerk und würde der komplexen „neuen Welt“ nicht im Ansatz gerecht werden. Hier ist ganz einfach Persönlichkeit gefragt.

Kein Rollenspiel, sondern authentisches Handeln aus und mit der ganzen Persönlichkeit.

Wir werden das noch vertiefen, werfen zunächst jedoch den Blick auf jene Eigenschaft von Beziehungen, die uns in letzter Zeit sehr abhanden gekommen ist. Und daran wiederum werden wir erkennen, welchen Stellenwert die Persönlichkeit des Führenden und dessen authentisches Handeln haben. Und warum Hierarchie und Zielvereinbarungen eben nicht ausreichen, Führung zu leben.
Was also war uns abhanden gekommen, was ist nur schwer wieder aufzubauen? Richtig, Vertrauen. Nicht nur das Vertrauen unserer Kunden, auch das Vertrauen unserer Mitarbeiter wurde schwer in Mitleidenschaft gezogen. So hat bestimmt jeder von Ihnen in den Monaten der Krise seine Erfahrungen mit „Appellen“ gemacht. Ob Sie selbst appellierten oder an Sie appelliert wurde – es war die Zeit der Appelle: „Wir müssen nun zusammenstehen und mit vereinten Kräften gegen die Krise ankämpfen“ (theatralische Version); „Gerade jetzt müssen wir sparen, jeder muss seinen Beitrag leisten“ (spartanische Version); „Ich

appelliere an Sie: helfen Sie mit, tragen Sie dazu bei" (flehentliche Version). Wir hörten gar Appelle von der Wucht einer „Blut-Schweiß-Tränen"-Rede, ohne dass man jedoch in jedem Falle hätte behaupten können, der Redner hätte Churchill'sches Format besessen – in diesen Fällen entzückte uns der kabarettistische Charakter der Vorstellung, weniger der Inhalt. Was war passiert, warum liefen und laufen Appelle so häufig ins Leere, verhallen ungehört, verkehren sich gar in ihr Gegenteil und schaffen Ablehnung?

Mangelndes Vertrauen, schlimmer noch, gar kein Vertrauen mehr. Weder in die Führungskraft, noch in die Führungsriege. Irgendwo auf dem Wege war das Vertrauen auf der Strecke geblieben. Vielleicht, weil ein Teil der Führungskräfte in der Krise nicht schnell genug Flagge zeigte und es vorzog, zunächst einmal auf Tauchstation zu gehen. Gewiss, im dunkelsten Tal der Krise war es nicht leicht, die Laterne hoch zu halten und den Weg zu weisen, lange Zeit gab es kaum noch Orientierungspunkte. Aber deshalb gleich schweigen? Schwache Führungskräfte schränken in Krisenzeiten den Dialog mit ihren Mitarbeitern ein. Was gäbe es denn auch zu sagen?

Starke Führungskräfte suchen den Dialog, zeigen damit, dass sie präsent sind, am Steuer stehen und ihnen die Mannschaft nicht gleichgültig ist. Letzterer arbeitet aktiv an der Vertrauensbildung, die der erstgenannte verspielt. Vertrauen kann nicht beliebig geschaffen werden, es ist Ergebnis eines langen Prozesses zwischen Personen. Vertrauen heißt, dass man aus Erfahrung mit einiger Sicherheit abschätzen kann, wie sich der Andere verhalten wird, in welchem Rahmen er sich bewegt. Vertrauen hat also mit der Sicherheit der Erwartungsbildung zu tun. Vertrauen heißt somit, den anderen nicht ständig hinterfragen zu müssen. Dass man sich darauf verlassen kann, dass der andere so handelt, wie bei der letzten Begegnung. Beim Vertrauen geht es also um die Abschätzbarkeit des Verhaltens und der Person der Führungskraft.

Und um nun den Bogen wieder zur Persönlichkeit zu schlagen: Warum genießen „Persönlichkeiten" mehr Vertrauen als „Rollenspieler"? Wir bezeichnen als „Persönlichkeit" jemanden, von dem wir überzeugt sind, er handle ganz im Einklang mit sich selbst. So, als könne er gar nicht anders handeln. So, als würden wir über sein Verhalten auf den inneren Kern seiner Persönlichkeit sehen können. Ein Mensch also, der seine *Grund*haltung im Zeitverlauf nicht oder kaum verändert.

Vertrauen kann also besonders da entstehen, wo eine gefestigte Persönlichkeit dem Anderen Beständigkeit signalisiert

Eine Führungskraft, die ihre Standpunkte je nach Windrichtung ändert, kann kein Vertrauen erzeugen. Eine Führungskraft, die Rollen wechselt wie das Hemd, kann kein Vertrauen erzeugen. Eine Führungskraft, die in schwierigen Zeiten untertaucht, wird kaum einschätzbar sein (außer wenn das Untertauchen zum gewohnten Verhaltensrepertoire dieser Person gehören würde ...) und wird daher kaum Vertrauen erzeugen können.

Persönlichkeit in der Führung und Vertrauensbildung hängen also eng miteinander zusammen. Von beidem haben wir zu wenig! Führung heute kommt allzu häufig daher in Gestalt einer Rolle, gestützt auf die Krücken der Hierarchie, blutleer, ohne Persönlichkeitsprofil. Und Vertrauen taucht allzu häufig nur als bloße Metapher in Appellen auf. Zu spät allerdings, wie wir eingangs gesehen haben. Denn wenn wir einem Appell Folge leisten wollen, dann nur, wenn wir Vertrauen in die Führungskraft besitzen. Führung unter den Bedingungen der geschilderten Stakeholder-Wirtschaft wird also noch viel mehr Vertrauensbeziehungen aufbauen müssen als bisher. Das ist dann jene „gelebte Beziehungsqualität", die der Managementexperte Wüthrich von den zukünftigen Führungskräften fordert. Doch dazu brauchen wir persönlichkeitsstarke Führungskräfte, die durch ihren Charakter in der Lage sind, stabile Vertrauens-Beziehungen zu einer Vielzahl an Stakeholdern aufzubauen. Die dafür ihre ganze Persönlichkeit in die Waagschale werfen, authentisch handeln. Authentizität im Führungshandeln ist damit unerlässlich, ja gar der Schlüssel für eine wirksame Führung in der Zukunft der Stakeholder-Wirtschaft. Und auch umgekehrt tendiert authentische Führung zu einer stärkeren Einbeziehung der Stakeholder, wie George feststellt: „Authentic leadership demands a stakeholder orientation, not merely a shareholder orientation" (George, Bill, 2003, Abstract, S. 1).

3. Nachhaltigkeit auch in der Führung – die Zeit ist reif!

„Nachhaltig wirtschaften", „nachhaltig investieren", „nachhaltig konsumieren", „nachhaltig leben". Nichts mehr ohne Nachhaltigkeit. Nachhaltigkeit ist bereits zu einem Schlüsselbegriff in Wirtschaft und Unternehmen geworden. Wer nicht aufzeigen kann, dass er nachhaltig denkt und handelt, wird weder in der Öffentlichkeit noch im Unternehmen Akzeptanz finden. Zu kurzfristig war unser Blickwinkel während der letzten 30 Jahre geworden. Und zu offensichtlich ist, dass eben dieses viel zu kurzfristige Denken und Handeln direkt in die größte Wirtschafts- und Finanzkrise geführt haben. Daher also die Nachhaltigkeit, das Handeln mit langer Perspektive. Handeln so, dass man den Bedürfnissen der jetzigen Generation entspricht, ohne die Möglichkeiten zukünftiger Generationen zu gefährden (das hatte übrigens die Brundtland-Kommission bereits 1987 als Definition von „sustainable development" festgelegt).

Aber das nun auch noch auf die Führung beziehen? Springt hier einer auf den Zeitgeist auf, macht in Punkto Führung auf die Mode „Nachhaltigkeit"? Wir werden gleich sehen, dass handfeste Gründe für eine langfristige Orientierung der Führung sprechen. Und das jetzt – hier und heute! Doch zuvor fragen wir: Kann es das denn überhaupt geben, eine nachhaltige Führung? Klingt doch irgendwie weltfremd, oder?

Richtig, eine nachhaltige Führung kann es streng genommen nicht geben. Führung kann einerseits auf Nachhaltigkeit hin orientiert sein, dann ist damit das Wirtschaften, das Ergebnis der Führung gemeint. Darüber hinaus darf man aber durchaus die Frage stellen, über welchen Zeitraum Führung denn wirksam ist. Wie lange also das, was die Führungskräfte für das Unternehmen festlegen, von den Mitarbeitern (und Stakeholdern) auch so getragen wird. Ist das, was an Strategien und Führungsgrundsätzen vorgegeben wird, morgen oder übermorgen schon wieder vergessen? So nach dem Motto: „kann der Chef doch sagen was er will, ich mach hier meinen Job, so wie ich's für richtig halte" oder „die Führung hält sich ja selbst nicht mehr an die Grundsätze, die sie im letzten Jahr verkündet hat. Das haben wir ja bei der Aufnahme von Herrn XY gesehen".

Gute Absichten, spannende Ideen, ausgefeilte Strategien der Führungskräfte leuchten auf wie Sternschnuppen, zischen durch das Unternehmen – und verglühen ohne weitere Spuren zu hinterlassen. Nicht gerade wirkungsvoll, wenn wir uns das über einen längeren Zeitraum ansehen, oder? Wie steht's denn bei Ihnen, müssen Sie mehr als Ihnen lieb ist intervenieren, häufig nachjustieren, andauernd Neues anfangen, ohne das Alte abgeschlossen zu haben? Wenn dem so ist, und Sie das zu Recht als ineffizient oder unproduktiv betrachten, dann könnte die Wirksamkeit der Führung für Sie doch ein Thema sein. Und zwar die dauerhafte, eben nachhaltig wirksame Führung. Wie also schaffen wir es, unsere Vorstellungen, Grundsätze, strategischen Überlegungen dauerhaft im Unternehmen, also in erster Linie bei den anderen Führungskräften und Mitarbeitern zu verankern? Wie bringen wir z.B. die „Dialogorientierung" so in die Köpfe und Herzen der Mitarbeiter, dass wir nicht bei jedem Wechsel in der Abteilungs- oder Niederlassungsleiter-Riege bangen müssen, ob die Grundsätze wohl halten oder ob wir – wieder mal – bei Null beginnen dürfen. Das Geheimnis liegt in der Unternehmenskultur, genauer, einem Teil davon, der Führungskultur. In der Führungskultur stecken jene Grundannahmen, Meinungen, Überzeugungen im Hinblick auf das Führungsverständnis und –handeln, die im betrieblichen Alltag so selbstverständlich geworden sind, das sie gar nicht mehr hinterfragt werden. Weil sie eben gelebte Überzeugungen sind. Ein Beispiel: die Bereichsleiter und Vorstände einer Bank gehen regelmäßig mit ihren Mitarbeitern in der Betriebskantine essen und sind regelmäßig auch in der Mitarbeiter-Lounge anzutreffen. Da wird informiert, diskutiert, die Führungskultur ist auf Dialog und Offenheit programmiert. Meetings sind kurz, straff – und nicht allzu häufig. Die Kommunikation ist dicht und wenig formalisiert, man braucht wenige Berichte, noch weniger Aktenvermerke.

Würde man versuchen, dies mittels Verordnung zu regeln, würde ein solches Ansinnen mit großer Wahrscheinlichkeit ins Leere laufen – Sie kennen das bestimmt aus Ihrer Praxis! Als ein Teil einer Führungskultur jedoch, die eine fortlaufende und hierarchiefreie Kommunikation hochhält und lebt, trägt dieses Verhalten in hohem Maße zur Effizienz der Führung bei. Und wirkt dauerhaft, muss also nicht jeden zweiten Tag angemahnt und jede Woche mit neuen Appellen und Regelungen bekräftigt und neu implementiert werden.

Eine ausgeprägte Führungskultur bringt für Führungskräfte und Mitarbeiter vor allem eines: einen dauerhaft stabilen Rahmen für das tägliche Handeln. Wir dürfen ja nicht vergessen, wie sehr auch Führungskräfte auf langfristige Verlässlichkeit, stabile Muster und dauerhafte Strukturen angewiesen sind. Wir haben in der Krise gesehen, wie schnell Unsicherheiten und Ängste um sich greifen und das Unternehmen lähmen können. Und zwar gerade dann, wenn es auf Kreativität und Produktivität der Führungskräfte ganz besonders ankäme. Doch auch ohne Krisenszenario können wir im Alltag beobachten: Eine starke Führungskultur schweißt die Führungsmannschaft zusammen, konzentriert die Energie dort, wo sie für das Unternehmen am förderlichsten ist, in der Kreativität und Produktivität jedes Einzelnen.

Keine Effizienz in der Führung ohne eine ausgeprägte Führungskultur.

Damit gehört die Schaffung und Gestaltung einer betriebsindividuellen Führungskultur zu den absolut vorrangigen Aufgaben der obersten Führungskräfte im Unternehmen. Dave Ulrich verwendet hierzu den Terminus „Leadership Brand“. Die Marke, eine unverwechselbare Handschrift der Führung, müsse geschaffen werden. Wie seine Definition zeigt, hat Ulrich im Grunde genommen die gleiche Zielrichtung wie sie hier zur Gestaltung der Führungskultur vertreten wird: „Good leaders do not just build their personal credibility, they build the organizations leadership capability, or the capability of the organization to sustain future leaders. ... We need to extend the concept of brand: from product brand, employee brand also to leadership brand" (Ulrich, D., 2007)

Gemessen an diesem Anspruch allerdings waren die Top-Führungskräfte – vor allem der Kapitalgesellschaften – in den letzten Jahren viel zu kurzsichtig und operativ orientiert. Das Augenmerk galt dem nächsten Quartalsergebnis, die Steuerung folgte diesen kurzfristigen Zyklen und wurde damit auch immer kurzatmiger und hektischer. Gewiss wurde auch immer wieder die Vision, die Strategie beschworen. Doch das waren Worte, während die Taten, nämlich das Führungshandeln immer kurzfristiger wurde. Und damit die Führungskultur in einer ganz bestimmten Weise prägte. „We have learned how to develop five-minute and even one-minute managers“, stellt Csikszentmihalyi bereits 2003 in einer kritischen Analyse des Führungshandelns fest (Csikszentmihalyi, M., 2003, S. 11). Es wurde schlicht das dem Menschen eigene Bedürfnis nach langfristiger Verlässlichkeit, nach einem langfristig stabilen Rahmen vergessen. Und die Schlussfolgerung? „More than anything else, we need hundred-year managers at the helm of corporations" (Csikszentmihalyi, M., 2003, S. 11); Führungskräfte also, die in ihrem ganzen Denken und Handeln weit über der Fixierung auf die nächsten Vierteljahreszahlen stehen. Die kurzfristige Entwicklungen in einen längeren Zusammenhang sehen und stellen können. Die gerade an ihrem Führungsverständnis, ihren Führungsgrundsätzen langfristig festhalten, und nicht beim nächsten Quartalsergebnis verzweifelt wieder das Ruder umwerfen. Führungskräfte also, die in der Lage sind, eine Führungskultur zu schaffen, die Führungswechsel, Krisen, Wechselfälle des Unternehmens überdauert, aber gerade dadurch einen Anker der Stabilität für Führungskräfte und Mitarbeiter im Unternehmen bildet.

Jenseits des verlässlichen Rahmens zur Art und Weise, wie die Führung im Unternehmen beschaffen sein soll, wie sie wirksam werden soll, gibt es ein weiteres Bedürfnis, das mit einer ausgeprägten Führungskultur befriedigt werden kann. Das Bedürfnis nach Richtung, nach Sinn. Gemeint ist hier nicht in erster Linie die strategische Richtung, sondern die Frage nach dem Sinn des Wirtschaftens, dem Sinn des Unternehmens, dem Sinn der Tätigkeit. Wie schon vorher erwähnt, geht es hierbei nicht darum, einen philosophischen Diskurs zu starten. Sondern vielmehr darum, ein Umfeld zu schaffen, in dem Leistung und Kreativität, Einsatzfreude und Motivation der Führungskräfte *und* Mitarbeiter gedeihen können. Wir hatten in den letzten Jahren eine Leistungskultur, die sich stark an materiellen Anreizen orientierte. Leistungsprämien wurden zum festen Bestandteil der Einkommen. Und glaubt man den Führungskräften in manchen Investmentbanken und Treasury-Abteilungen von Banken dann würden die Mitarbeiter ohne Leistungsprämien sofort abwandern. Was für ein schiefes Menschenbild! Was für eine schwache Führung, die ihre Mitarbeiter glaubt nur mit Prämien halten zu können!

Natürlich brauchen wir auch weiterhin eine Leistungskultur. Doch die kann eben nicht nur um die Prämien kreisen.

Das Sinnempfinden, die Sinnvermittlung muss wieder zurück in die Jobs,

oder wie das der deutsche Management-Professor Bleicher in seiner Management-Bibel 1992 schon sehr prägnant formulierte: „Wer ... mehr Leistung fordert, muss Sinn bieten". Das hatten wir eine ganze Zeit lang vergessen. Leistungsprämien wirken wie Drogen, sie machen abhängig, erfordern ständig eine höhere Dosis und erzeugen die Sicht einer betrieblichen Scheinwelt, in der angeblich nur Dividenden, Renditen und Prämien eine Rolle spielen. Wir werden im Verlaufe des Buches diese Sichtweise noch näher beleuchten. Und dabei immer wieder feststellen, wie dürftig letztendlich doch die Wirkung der materiellen

Anreizsysteme auf Zufriedenheit der Mitarbeiter, auf die Wirksamkeit der Führungskräfte und auf die Kultur des Unternehmens ist.

Eine Sinnvermittlung findet damit jedenfalls nicht statt. Und eine Antwort auf die emotionalen Bedürfnisse der Mitarbeiter haben Anreiz-Systeme auch nicht parat. Aber gerade Antworten benötigen wir in und nach der Krise mehr denn je. Mitarbeiter und Führungskräfte wollen und sollen begreifen, wofür das Unternehmen steht, welchen Nutzen und Zweck die eigene Arbeit für Unternehmen, für die Kunden, für die stakeholder hat. Und das man aus dem Stolz auf das Unternehmen, die Begeisterung über die getane Arbeit, aus der Wertschätzung durch die Führungskraft und die Kunden und aus dem Zugehörigkeitsgefühl zur betrieblichen Gemeinschaft auf Dauer mehr an Befriedigung ziehen kann als aus Leistungsprämien.

Doch dafür brauchen wir mehr als einen Wandel der Entlohnungssysteme. Dazu brauchen wir einen radikalen Wandel in der Führungskultur, insbesondere in den Führungsetagen der Banken. Führung muss nicht nur im Hinblick auf das Ergebnis nachhaltiger werden, auch in Bezug auf das Führungshandeln selbst. Denn im Führungshandeln wird die neue Führungskultur geprägt. Entstehen kann diese letztlich aber nur auf der Grundlage von Vertrauen in die Persönlichkeit der Führenden. Und wer dazu am besten in der Lage sein wird dieses Vertrauen herzustellen – das ist die authentische Führungskraft, eben jene, die mit Haltung führt.

Zeit zum Ankommen

Kapitel IV

Haltung lernen durch Selbstführung

1. Menschen(s)-Bild

a. Mehr als das Ich – bei sich auf den Grund gehen!

Führungskräfte neigen dazu, sich vorschnell aus dem Nachdenken auszuklinken, sobald sie den Hauch des Eindrucks haben, hier ginge es um Philosophie oder Theorie. „Die Führungskraft sei ja schließlich ein Handelnder, kein Denker und erst recht kein Philosoph". „Man werde schließlich bezahlt für's Managen, und nicht für's Sinnieren". so der nicht seltene – abfällige – Kommentar aus der Top-Führungsebene. Ja, und mit genau dieser Haltung sind wir dann auch in Krise geschlittert! Etwas „Sinnieren" würde vielen Führungskräften sicherlich ganz gut tun. Wohl deshalb haben die 34 Management-Vordenker und –Praktiker auch ganz oben auf ihrer Liste der Anforderungen an das „neue" Management: „Reconstruct management's philosophical foundations. To build organizations that are more than merely efficient, we will need to draw lessons from such fields as biology, political science, and theology" (Hamel, G., 2009, S. 94). Da muss die Führungskräfte-Entwicklung dann auch noch kräftig dazulernen.
Die Scheu des Managements vor der Philosophie dürfte aber auch ganz persönliche Gründe haben. Meiner Ansicht nach hat man mit den eingangs genannten Totschlags-Argumenten in erster Linie eine sehr bequeme Ausrede, nicht etwas tiefer nachdenken, gar reflektieren zu müssen. Scheu vor unbequemen Antworten, Scheu vor der ehrlichen Auseinandersetzung mit sich selbst, Scheu vor einer ungeschminkten Antwort auf die Frage nach der persönlichen Ausrichtung und Positionierung. Da sonnt man sich doch lieber in einem rosarot gefärbten Selbstbild – gerade als Top-Führungskraft kann man sich

als über jede Kritik erhaben definieren -, solange niemand nach der Effizienz als Führungskraft fragt und solange man eben mit zwei Gesichtern gesund leben kann. Das sind denn auch schon die zwei wesentlichen Gründe, warum man sich als Führungskraft durchaus mit den Fragen des persönlichen Innenlebens, mit Grundfragen der Persönlichkeit und der Beziehungen zwischen Menschen auseinandersetzen sollte. Dazu gehört eben auch eine klare Vorstellung davon, wie der Mensch beschaffen ist, aus welchen Persönlichkeitsschichten sich sein Denken und Handeln speist.

Wenn ich von authentischer Führung spreche, so sehe ich immer die Person in ihrer Gesamtheit. Ich sehe weder Führung nur als einen Teilaspekt des Führenden – dessen „berufliche Sphäre" -, noch sehe ich Führung als bloße Rolle – „der Chef". Führung erfolgt durch die ganze Person, mit all ihren Facetten und Ausprägungen. Führung ist eine Frage der persönlichen Haltung, nicht der Hierarchie. Beim authentischen Führer gibt es keine Trennung zwischen Haltung nach innen (sich selbst gegenüber) und aussen (anderen gegenüber). In der authentischen Führung sind beide deckungsgleich.

Der authentische Führer handelt somit im Einklang mit seinem Selbst.

Das ist es, was authentische Führung ausmacht – und was die Einbeziehung der gesamten Person, aller Aspekte eines Menschen, erforderlich macht. Was aber ist das „Selbst", worin unterscheidet es sich vom „Ich", wie können wir das „Selbst" lokalisieren und deuten? Solche Fragen werden uns auf dem Weg zu einer authentischen Führung immer wieder begegnen. Daher werden wir eine Betrachtung des zugrundeliegenden Menschenbildes voranstellen.

Homo ludens, homo faber, homo sapiens, homo compensator – sie alle betonen das Menschsein über je einen anderen Aspekt seines Handelns und Denkens und wollen damit in erster Linie eine Abgrenzung des Menschen vom Tier. Nicht alle, da haben Sie recht. Wieder mal Schopenhauer, für ihn ist „der Mensch im Grunde ein wildes Tier. Wir kennen es bloß im Zustand der Bändigung und der Zähmung". Aber weitgehende Einigkeit besteht dennoch darin, dass der Mensch sich seiner selbst bewusst ist. Er weiß von seiner Existenz und um seine Endlichkeit. Spricht der Mensch das „Ich" aus, so grenzt er sich damit von der ihn umgebenden Welt ab. Er ahnt auch etwas von einer inneren Welt jenseits des Bewusstseins. Schopenhauer zufolge legen Träume und Einsichten aus der Kontemplation Spuren in diese unbewusste Sphäre, die sich dem Alltag nahezu gänzlich verschließt. Der Alltag wird gelebt, erfahren, gedeutet, gestaltet mit Hilfe des „Ichs", ganz auf der Bewusstseinsebene. Das „Ich", dessen wesentlicher Teilaspekt der Verstand ist, strukturiert die Fülle der Eindrücke zu einer „verständlichen" Aussage, komponiert damit nicht nur die Weltsicht, sondern auch die Welt an sich.

„Die Welt ist meine Vorstellung", so beginnt Schopenhauer sein Hauptwerk und meint damit, dass wir die Welt in unseren Köpfen konstruieren. Wir kennen daher im Grunde genommen nur die Welt in unserer Wahrnehmung, also das von uns wahrgenommene und interpretierte Abbild der Welt. Platon lässt in seinem Höhlengleichnis die Höhlenbewohner nur ihre eigenen Schatten an der Wand sehen. Niemals mehr – das ist daher ihre Welt. Die „echte", die „objektive" Welt (Kant bezeichnete diese als das „Ding an sich") bleibt unserer Wahrnehmung im Alltag damit zwangsläufig verborgen. Allerdings können wir mit Intuition und Kunst, Mystik und Kontemplation etwas von der Welt dahinter, der Sphäre jenseits der unmittelbaren Sinneswahrnehmung, erahnen. Doch darauf werden wir erst später wieder stoßen.

Verborgen in den Tiefen unserer Seele, weit unterhalb der Ebene des Bewusstseins, findet sich die ebenfalls nur mittelbar erfahrbare „Seins-Ebene", auch das „Selbst" genannt. Sie ist Heimat des Kerns unserer Persönlichkeit, hier liegt das Zentrum der Seele. Wir stoßen hier nicht nur auf die Grundpfeiler unseres Charakters, die uns als Person von anderen so unterscheidbar machen. „Ich selbst" betonen wir doch sehr gerne, wenn wir sprachlich unserem „Ich" ein noch stärkeres Gewicht verleihen wollen. Die grundlegenden Charakterzüge, wie der Grad an Intro- oder Extrovertiertheit, ob Melancholiker oder Sanguiniker sind hier festgelegt. Bewusst könnten wir uns zwar in gewissen Grenzen entscheiden, anders als die im Selbst vorgegebenen Grundmuster zu sein. Auf Dauer würden wir dann allerdings die damit auftretenden Widersprüchlichkeiten mit psychischen oder physischen Krankheiten zu bezahlen haben. Gerade aus diesem Grunde ist die Kenntnis des Selbst, der Kontakt zum Selbst so außerordentlich bedeutsam, nicht nur für Führungskräfte, sondern für eine jede Person im Hinblick auf deren Balance und Gesundheit.

Mehr als das Ich

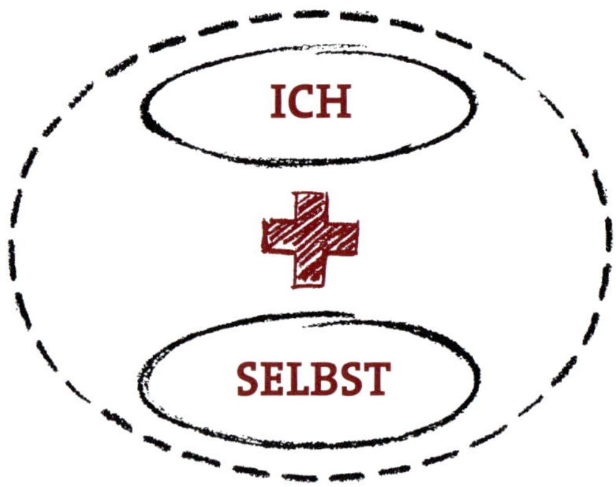

Auch das emotionale Grundmuster einer Person finden wir auf dieser Ebene. „Tiefe Trauer" z.B. empfinden wir, wenn wir eine ausgeprägte Trauer erleben, eine Emotion, die nicht auf der Oberfläche unseres Bewusstseins spielt, sondern „weit unten" den Tiefen unseres Selbst entspringt. Und uns daher so machtvoll zu bestimmen vermag. Die Emotionen werden zumeist über den Körper ausgedrückt, weshalb der Neurologe Damasio vom „Körper als die Bühne der Emotionen" (Damasio, 2002) spricht. Andererseits beeinflussen Emotionen jedoch auch stark unser Bewusstsein und unsere Vorstellungen. Im Sprachgebrauch findet sich dies wieder, wenn wir davon sprechen, dass „Gefühle unser Bewusstsein trüben". Andersherum können Vorstellungen und vorgestellte Bilder auch Gefühlsäußerungen auslösen, die sich nur sehr schwer kontrollieren lassen. Keine neue Erkenntnis, denn der griechische Philosoph Epiktet sprach schon vor 1900 Jahren davon, dass „... nicht die Dinge die Menschen beunruhigen, sondern ihre Vorstellungen von den Dingen". Sie werden dem natürlich auch sofort zustimmen – aber mit großer Wahrscheinlichkeit haben Sie sich innerhalb der nächsten fünf Minuten bereits wieder in Ihren alten Vorstellungen verheddert.

Wer seine emotionale Grundstruktur nicht kennt, wird zum Spielball seiner Gefühle.

Gerade für einen Manager eine wenig erfreuliche Aussage. Und steht dazu noch in einem krassen Gegensatz zur Tabuisierung der Gefühle in der Welt der Führung und des Managements. Dabei kann es für die Führungskraft im Grunde ja nicht mal ansatzweise akzeptabel sein, zum Spielball zu werden. Wenn Sie dem allerdings – so wie ich das tue – zustimmen, dann müssen Sie sich auch mit Ihrer emotionalen Grundstruktur beschäftigen. Mit deren Verbindungen zum Bewusstsein und zum Körper. Mit Ihrer gesamten emotionalen Steuerungssoftware also. Das ist nicht gerade einfach. Denn diese Ebene bestimmt uns zwar sehr stark, wir tun uns auf der anderen Seite schwer, uns dieser Ebene zu nähern. „Die Emotionen sind immer bei uns, wir selten bei ihnen", so kennzeichnet Goleman die Schwierigkeit, uns angemessen mit der grundlegenden Struktur unserer Gefühle zu beschäftigen. Achtsames Leben im Alltag ist für ihn daher entscheidend: „Without recognizing our own emotions we will be poor in managing them" (Goleman/ Boyatzis, 2004, S. 30). Wie wir noch sehen werden, kann mit der Praxis der Achtsamkeit, mit Reflexion, Meditation und Kontemplation auch in die Tiefen des Selbst vorgedrungen werden.

Eng verbunden mit den emotionalen Grundmustern sind die Strukturen unserer grundsätzlichen Werte und Grundüberzeugungen. Auch sie sind ein Bestandteil des Selbst. Sie wirken daran mit, wie wir wahrnehmen. Um bei den Höhlenbewohnern zu bleiben: deren Grundüberzeugung, dass die Menschen flach und schwarz sind – Schatten eben. Man kennt ja nichts anderes. Die Grundwerte und -überzeugungen formen sich im Laufe unseres Lebens, insbesondere in der Kindheit. Entweder durch traumatische Einzelereignisse oder aufgrund von häufig wiederholten Erfahrungen. Erleben wir als Kind etwa eine plötzliche und unverständliche Zurückweisung durch unseren besten Freund, kann sich dies als ein ständiges „Vorsicht!" im Erfahrungsspeicher verankern. Oder haben wir häufig die Erfahrung gemacht, dass Verständnis für andere als Schwäche ausgelegt wird, dann kann sich als eine Grundüberzeugung herausbilden, dass Stärke nur mit einer gewissen Distanz zu den anderen erreicht werden kann. Diese Grundüberzeugungen und -anschauungen sind machtvolle Bilder der Erfahrungen unserer Vergangenheit, machtvoll vor allem deshalb, weil sie immer auch mit Gefühlen verbunden sind.

Es ist der emotionale Apparat, der uns die wichtigen Botschaften überbringt und nicht der Verstand.

Wurde eine Führungskraft in ihren ersten beruflichen Schritten von ihren Mitarbeitern „hintergangen", indem beispielsweise Problemstellungen und Verantwortung auf sie zurück delegiert wurden, so kann die erlebte Enttäuschung sich in einen großen Bedarf an Kontrolle niederschlagen. Misstrauen kann in so einem Fall ein ständiger Begleiter werden. Misstrauen gegenüber anderen und gegenüber sich selbst. In meiner frühen Führungspraxis begegnete ich einer Führungskraft, die externe Berater zum heimlichen „Qualitäts-Check“ auf die Mitarbeiter ansetzte. Was war da wohl größer? Das Misstrauen gegenüber den eigenen Mitarbeitern oder das Misstrauen in das eigene Urteil?

Grundüberzeugungen mögen oft ihre Berechtigung als „Erfahrungslernen“ haben, das sei nicht in Abrede gestellt. Aber sie müssen von Zeit zu Zeit hinterfragt und herausgefordert werden, will man nicht verknöchern, will man nicht fremd in einer geänderten Umwelt werden. Das geht nicht ohne ständige und ernsthafte Reflexion. Das heißt, unvoreingenommen einen offenen Blick in sein tiefstes Innerstes zu wagen.

Ich muss Sie allerdings warnen! Nachdenken alleine allerdings greift hier zu kurz. Denn genauso wie die emotionalen Grundmuster sind auch die Grundüberzeugen aus einem ganz bestimmten Grund für jeden von uns nur sehr schwer zu entdecken. Sie tarnen sich für uns als „Selbstverständlichkeiten“, reden uns damit pausenlos ein, die Welt sei eben so und so – wie im obigen Beispiel, dass den Mitarbeitern eben nicht getraut werden könne. Jedes Gespräch mit einem der Mitarbeiter, jede Beobachtung über dessen Handeln wird „selbstverständlich“ durch dieses Raster geführt und mit dessen Mustern gedeutet. Da dies automatisch erfolgt, bleiben die Filter dem bewussten Denken zumeist verborgen und werden aus diesem Grund kaum je hinterfragt – es sein denn die Führungskraft weiß um deren Existenz, kennt ihre Herkunft und Aufbau.

Das so häufig aus der Top-Führungsetage zu hörende „ich bin eben so wie ich bin“, man brauche daher keine kritische Innenschau, erweist sich spätestens dann als Dummheit, wenn diese Grundüberzeugungen nicht mehr zur aktuellen Umwelt passen und die Führungseffizienz deshalb sinkt. In Krisenzeiten kann die Verweigerung einer kritischen Reflexion gar für das Unternehmen lebensbedrohlich werden, wenn die Führungscrew nicht in der Lage ist, sich von den im Laufe der 30 zurückliegenden Boomjahre erworbenen Grundüberzeugungen zu trennen. Denn deren Beibehaltung signalisiert Ihnen dann „selbstverständlich“ ein „Weiter-So“...

Neben den grundlegenden Charakterzügen und der Quelle der Emotionen liegt in den Schichten des Selbst auch unser gesamtes Erfahrungswissen verborgen. Unser „intuitives Wissen" hat hier seinen Ursprung. Und eine Ebene darunter findet sich der Lebenstrieb, der alles Lebendige beherrschende Lebensdrang, der energetische Kern des Menschen. Schopenhauer nannte diese Lebensenergie „Wille", was man auch mit der Dynamik der Natur gleichsetzen kann. „Grundlos waltend" (Schopenhauer) wirkt dieser Lebensfunke unterschiedslos in allen Menschen, mit Abstufungen lediglich in der Intensität der Energie.

b. Die Haltung macht's – innen und aussen

Zwischen dem „Ich" und dem Selbst" und dem Lebenstrieb bestehen Verbindungen, die dem Alltagsbewusstsein jedoch weitgehend entzogen sind und verborgen bleiben. In unserer westlichen Welt mit ihrer Überbetonung des Verstandes sind die Zusammenhänge über die letzten Jahrhunderte ziemlich aus dem Blickfeld geraten. Die fernöstlichen Kulturen dagegen konnten bis heute die Tradition der Ganzheitlichkeit bewahren, d.h. das Bewusstsein von der Bedeutung der tiefen Ebenen und ihrer Verbundenheit miteinander. Die Wechselwirkung zwischen Ich und Selbst hat eine ähnliche Dynamik wie jene zwischen Yin und Yang. Wir werden später sehen, dass uns die Anknüpfung an die östlichen Traditionen zu einem besseren Zugang zu den Tiefen unseres Innenlebens verhilft.

Die Haltung macht's

Verwenden wir im Zusammenhang mit den verschiedenen Ebenen des Menschen noch einige grundlegende Betrachtungen über die Verbindungen und Beziehungen zwischen der Ebene des „Ich" und der Ebene des „Selbst".

Im Dialog zwischen „Ich" und „Selbst" wird Haltung erzeugt.

Denn „Ich" und „Selbst" stehen in einem Spannungsfeld zueinander, und darin entsteht Haltung. Einmal sich selbst gegenüber, aber auch gegenüber anderen. Als Haltung wollen wir daher unsere grundlegenden Einstellungen gegenüber der eigenen Person und gegenüber anderen Personen bezeichnen. Haltung umfasst also all jene Einstellungen, die uns zeigen, wie wir uns und die anderen wahrnehmen, wie wir mit uns und den anderen umgehen. Und das formt unser Denken und Handeln natürlich beträchtlich. Ein Beispiel auf der Grundlage der obigen Graphik soll dies deutlich machen: Sie alle kennen bestimmt einen Menschen, der vor Selbstvertrauen nur so strotzt (ich meine hier die „echten", nicht die rollenspielenden Menschen). Nichts scheint ihn erschüttern zu können. Der kennt seine Stärken und Schwächen, er weiß, was er kann. Der weiß auch, wie er auf bestimmte Menschen und Situationen reagiert. Steht da wie ein Fels. Was macht ihn so anders? Im Grunde eigentlich nur", dass er sich selbst vertraut – weil er sich kennt! Und weil er sich kennt, hat er eine Haltung sich selbst gegenüber, die sich mit Selbstvertrauen, also dem „Vertrauen in das Selbst", beschreiben lässt. Er braucht keine anderen, um sich selbst zu bestätigen. Das Selbstvertrauen ist beileibe nicht unveränderbar, sondern bildet sich, wie auch das Vertrauen anderen gegenüber, im Austausch, in der Interaktion. Daher also:

Selbstvertrauen ist eine Haltung und entsteht im Dialog von „Ich" und „Selbst"

Klingt furchtbar praxisfern, werden Sie nun sagen, insbesondere das mit dem Dialog. Ist aber ganz einfach. Hören Sie in sich hinein, erspüren Sie, was Sie bewegt, was Sie sind – dann sind Sie im Grunde genommen schon im Dialog von „Ich" und „Selbst". Und wenn Sie dann noch ein Ergebnis zustande bringen – dann haben Sie eine Haltung entwickelt. Hier im Beispiel ist es das Vertrauen in Ihr „Selbst" – das Sie mit diesem Erspüren ja gerade kennengelernt haben. Wie das geht, damit werden wir uns noch ausführlich auseinandersetzen.

Genauso verhält es sich, wie wir noch sehen werden, mit der Selbstwahrnehmung, dem Selbstwertgefühl, der Selbstdisziplin. Sie sind veränderbar, in Teilen daher auch gestaltbar. Sie wachsen jedoch nicht von allein, sondern sie bedürfen unseres ständigen Zutuns, unserer andauernden Pflege. Das ist die Haltung, unsere innere Haltung. Und die hat aber noch einen wichtigen Aspekt: jede Haltung nach innen hat eine Entsprechung nach außen. Es gibt eine Haltung zu sich selbst und eine Haltung zu den anderen. Wir werden später auf das „Innen" und „Außen" ebenfalls noch ausführlich eingehen. „Haltung bewahren", „eine Haltung pflegen", schon die Sprache verrät, dass man mit „Haltung" etwas machen kann. Man kann sie schaffen, bewahren, pflegen, verlieren oder auch aufgeben.

Das wichtigste Mittel zur Schaffung und Pflege der Haltung ist die Reflexion.

Das ist der innere Dialog zwischen dem „Ich" und dem „Selbst". Aus dem heraus Haltung erwächst, die innere Haltung sich selbst gegenüber. Dagegen entsteht im Kontakt und im Austausch mit den Mitmenschen die äußere Haltung, also die Haltung gegenüber unserer Familie, unseren Mitarbeitern, unserer Umwelt. Wir können also zunächst soviel festhalten: unsere Haltung entsteht immer aus einem Dialog heraus, formt sich zum einen aus dem Dialog zwischen „Ich" und „Selbst", zum anderen aus dem Dialog mit der Umwelt.

Wir können uns das recht einfach verdeutlichen: Sie können sich selbst gegenüber nur dann konsequent sein, wenn Sie klar um ihre Schwächen wissen, wenn Sie eine klare Zielsetzung in und mit Ihrem Leben verfolgen. Dazu müssen Sie sich schon ganz ordentlich und recht tiefgreifend mit sich selbst auseinander gesetzt haben. Oder anders ausgedrückt: einen Dialog zwischen Ihrem „Ich" mit Ihrem „Selbst" geführt haben. Sind Sie Ihren Mitarbeitern gegenüber gradlinig, konsequent und klar, dann stammt diese äußere Haltung ebenfalls aus einem Dialog. In der Zusammenarbeit mit Ihren Mitarbeitern haben Sie vielleicht herausgefunden, dass konsequentes Handeln am besten geeignet ist, Ihre Mitarbeiter hinter sich zu bringen. Diese Haltung werden Sie daher im Austausch mit Ihren Mitarbeitern auch pflegen wollen. Daher:

Die Haltung bestimmt, wie wir unsere Beziehungen managen.

Wir werden darauf wegen der außerordentlichen Bedeutung der Haltung für die Entwicklung von Führungsauthentizität noch einmal zurückkommen.

Wir haben gesehen, dass wir zu der unterhalb der Bewusstseinsebene angesiedelten Ebene des „Selbst“ keinen unmittelbaren Zugang haben. Das „Selbst“ ist also nicht direkt über unseren Verstand ansprechbar. Machen wir eine Wahrnehmung – z.B. die ernste Miene des Gegenübers bei Verhandlungen – dann laufen diese über die Sinnesorgane zunächst ins Gehirn. Sie werden dort erfasst, interpretiert, d.h. systematisiert und katalogisiert und somit in eine Vorstellung verwandelt. Dabei greifen wir auf vertraute Muster zurück, anhand derer wir interpretieren, d.h. bewerten. Dann gibt es Handlungsvorschläge, manchmal gar sofortige Handlungsimpulse. Das Ganze läuft als Austausch zwischen dem „Ich“ und dem „Selbst“ hin und her, weitgehend automatisch. Und das hat seinen Grund.

Die „Software“, die diese Automatik von Wahrnehmung, Vorstellung und Handlungsimpuls steuert, wurde geschrieben aus den bisherigen Gewohnheiten, aus dem Erlernten und dem bisher Erfahrenen. Damit wird auch klar, warum das automatisch verlaufen muss. Denn so wird unser alltägliches Handeln rationaler, gewissermaßen effizienter gemacht. Aber wie? Nun ganz einfach: die Flut an Wahrnehmungen würde uns ersticken, wenn wir diese nicht rigoros filtern würden. Und hätten wir dann nicht Standardprogramme für die Reaktion darauf – die Psychologen sprechen da von Reaktionsmustern – dann müssten wir über jede einzelne Reaktion nachdenken. Wir kämen eigentlich zu nichts anderem mehr, wenn uns diese Reaktionsmuster nicht vom Nachdenken über Routinevorgänge befreien würden.

So weit, so gut – das ist ja eben typisch menschlich. Aber gibt es da auch einen speziellen Bezug zur Führung, denn das ist ja unser Thema? Natürlich gibt es den – und der ist ziemlich gewichtig, für Führungskräfte geradezu eminent wichtig! Denn in der eben beschriebenen Automatik liegt auch eines der größten Hindernisse für den Zugang zum eigenen Selbst und damit zur Selbstführung. Diese Barriere liegt als ein mächtiger Klotz mitten auf unserm Weg zur authentischen Führungskraft. Wir werden das daher in einem eigenen Kapitel beleuchten. So viel jedoch hier schon mal vorab: Erst wenn wir es schaffen, diese Automatik zu durchbrechen, den Automatismus zumindest anzuhalten, entsteht Raum für eine völlig neue Art der Wahrnehmung und der Wahrnehmungsverarbeitung. Für etwas, das wir als intuitives Wahrnehmen bezeichnen werden.

Denn mit dem intuitiven Wahrnehmen werden ungleich mehr Informationen „durchgelassen" und verarbeitet als bei unserer Wahrnehmung über den Verstand. Und die Antwort darauf ist dann nicht ein automatisches Reaktionsmuster, sondern die machtvolle, aber leise Stimme des Selbst. Der authentische Führer ist damit in der Lage, eben diese Stimme zu hören, er ist in Kontakt mit den tiefen Quellen des Selbst. Dazu muss er jedoch zuerst mal lernen, „zu reflektieren". Daraus entsteht dann „Haltung", die aus eben diesem Grunde so bedeutsam für die Führung ist.

2. Führung heißt Beziehungen gestalten – so einfach ist's!

a. Führung neu verstehen – bereit für die Zukunft!

Führung wird zumeist in einem Atemzug mit Zielsetzung, Visionen, Motivation und Autorität genannt. Der Fehler, der damit begangen wird ist, einen Teil für das Ganze, das Mosaiksteinchen für das Bild zu halten. Ein Mosaik erkennt man auch erst dann in seiner Ganzheit, wenn man einige Schritte zurückgetreten ist. Die einzelnen Steine werden umso bedeutungsloser, je weiter man zurücktritt. Und umso klarer tritt das Bild hervor, erst dann lässt sich dessen Wirkung erspüren. Und erst aus dieser Gesamtsicht heraus kann man sich wieder den Einzelheiten, dem Aufbau des Werkes widmen, erst dann lassen sich die Bestandteile und Einzelheiten im Sinnzusammenhang erkennen. Dann auch finden Elemente wie Visionen und Motivation wieder ihren Platz.

Beginnen wir also mit den Basics. Führung handelt von Menschen, bezieht sich auf Menschen. Genauer gesagt, handelt Führung von einer speziellen Art von Beziehung zwischen Menschen. Was wie ein Gemeinplatz klingen mag, hat allerdings Konsequenzen für die Art und Weise, mit der wir uns nachfolgend unserem Thema, der authentischen Führung, nähern. Weder nehmen wir Hierarchien, noch Strukturen, noch Zielsetzungen oder gar Motivation als Ausgangspunkt. Wir gehen davon aus, dass Beziehungen zwischen Menschen wichtiger sind als Strukturen, Personen wichtiger als die Aufgabe. Warum die Beziehungsebene so entscheidend ist, werden wir gleich sehen.

Die Gestaltung von Strukturen ist ganz klar eine Aufgabe, der sich die Unternehmensführung zu stellen hat. Sie bringt die unterschiedlichen Aufgabenstellungen so in einen Gesamtzusammenhang, dass damit der Zweck des Unternehmens erreicht werden kann. Solchermaßen analysieren, ordnen und gestalten ist eindeutig eine Aufgabe des Managements, hat jedoch mit Menschenführung nichts zu tun. Weder sollten Aufgaben an Personen orientiert werden, noch sollten Strukturen um Personen herum gebaut werden.

Da die Strukturgestaltung somit unabhängig von einzelnen Menschen gesehen werden muss, ist sie auch keine Führungsaufgabe, schon gar nicht der obersten Führungsebene in Unternehmen. Sehen wir jedoch, mit welcher Akribie und Ausdauer häufig sich selbst Chefs von internationalen Großkonzernen mit Details von Organisationsstrukturen und -prozessen beschäftigen, dann stellt sich nicht nur die Frage nach deren Führungsverständnis, sondern auch die Frage nach der Führungsqualität. Bezeichnen wir diesen Typus weiterhin einfach als Manager, behalten das Attribut Führer jedoch jenen vor, die sich vorrangig mit Menschen und weniger mit Strukturen beschäftigen.

Das Denken des Managers kreist um Strukturen und Prozesse, die Führungskraft dagegen hat den Menschen im Blick

Dass wir hier natürlich eine Interdependenz vorliegen haben, ist fast müßig zu erwähnen. Hier geht es mir aber vor allem darum, die beiden im Unternehmensalltag auftretenden Pole klar zu markieren. Aber auch um ganz deutlich zu machen, dass zwischen Manager und Führer (im Sinne des Leadership) Welten liegen.

„Der wahrhaftige Führer führt durch Visionen, zeichnet sich durch einen visionären Weitblick aus", so eine der gängigen Mehrheitsmeinungen. Müssen wir uns daher mit der visionären Seite der Führung beschäftigen, gieren nicht die Menschen im Unternehmen (und außerhalb) nach Visionen, nach Sinn- und Richtungsgebung? Werden nicht deshalb bestimmte Menschen an die Spitze gestellt, damit sie dem Gefolge mit kühnen Visionen die Zukunft sicht- und greifbar machen? Kein Zweifel, hier haben wir eine wesentliche Aufgabe von Führung vor uns. Jedoch:

**Visionen müssen blutleer bleiben,
wenn sie nicht den Menschen vermittelt und
nahegebracht werden können.**

Wenn sie vor allem nicht in Bezug zu den Potenzialen des Einzelnen oder der Gruppe gesetzt werden können. Erst wenn der Mitarbeiter erspürt, welche Potenziale er in sich trägt, wenn die Gruppe spürt, welche Potenziale vorhanden sind, erst dann können sie eine Beziehung zur Vision herstellen, einen Bezug zur Vision spüren. Wiederum ist es der Mensch, der Ausgangspunkt ist, nicht die Vision. Die Führungskraft weist den Weg zu den Potentialen des Einzelnen, der Gruppe und des Unternehmens und zeigt dann das Bild der Zukunft. Top-Führungskräfte, die im visionären Weitblick ihre Hauptaufgabe sehen und selbstverliebt sich in den großen Linien verlieren, sollten vielleicht besser Romane schreiben – oder eben den Menschen mit seinen Potenzialen als Ausgangspunkt wählen.

„Meine Hauptaufgabe ist es, die Menschen zu motivieren", so eine der häufigsten Aussagen von Führungskräften. Insbesondere auf der mittleren Ebene leitet sich recht häufig das als modern bezeichnete Selbstverständnis aus dieser vermeintlichen Zwecksetzung von Führung ab. Oft noch ergänzt um einen in Führungsseminaren beliebten, aber entlarvenden Satz „Aufgabe der Führungskraft ist, die Menschen dazu zu bringen, bestimmte Ziele zu erreichen". Da sei doch alles enthalten, was weiter oben zur Führung gezählt wurde: die Menschen und die Beziehungen. Haben wir damit unsere Ausgangsplattform für authentische Führung erreicht?

Schön wär's, denn dann hätten wir ja in der Mehrzahl in unseren Unternehmen „authentisch Führende". Motivation als Führungsverständnis setzt zwangsläufig voraus, dass Menschen motiviert werden müssen. Über den grundlegenden Irrtum dieser Annahme und deren praktische Unmöglichkeit wurde schon viel geschrieben und gesagt, ich halte Reinhard Sprengers „Mythos Motivation" aus dem Jahr 1991 als nach wie vor hochaktuell. Daher soll hier dieser Aspekt nicht weiter vertieft werden. Nur so viel: egal ob materielle oder ideelle Anreize, ob intrinsische oder extrinsische Motivation – alle eint die Grundannahme, dass Menschen sich nicht von alleine bewegen, sondern der Führungskraft bedürfen, um sich in Richtung des Unternehmenszieles aufzumachen.

Der Trieb, die Mitarbeiter ständig motivieren zu wollen, stammt aus mangelndem Vertrauen.

Mangelndes Vertrauen in den Willen und die Fähigkeiten der Mitarbeiter, selbständig zu handeln, sich selbst anspornen zu können. In der Regel einhergehend mit einem großen Bündel an Vorurteilen wie „Kann ja den Überblick nicht haben", „braucht Unterstützung", „ist nicht kommunikativ". Und zumeist gespeist aus einer geringen Einsicht in sich selbst und einem entsprechenden Mangel an Vertrauen in sein eigenes Selbst. Nicht ohne Grund findet man die stärksten Verfechter der motivatorischen Ansätze bei jenen, deren Führungsverständnis oberflächlich plakativ, von keiner Reflexion über die eigenen Beweggründe getrübt – kurz, in keinster Weise authentisch ist.

Der authentische Führer dagegen weiß um die aus den Tiefen seiner Person stammenden Antriebskräfte, er weiß um deren Macht und Grenzen, er vertraut sich selbst und ist auf dieser Grundlage auch in der Lage, den Menschen um sich herum zu vertrauen. Und sieht daher Anreize nur als sekundär an, da er sich primär um die Gestaltung der Beziehungen und die Hebung der Potenziale seiner Mitarbeiter und Stakeholder kümmert. Ein Beispiel: in vielen Unternehmen hat sich in den letzten Jahren die Unsitte eingeschlichen, selbst schon für kleinere Projektarbeiten Prämien zu bezahlen. So auch bei der Einführung eines neuen Archivierungssystems. Die 2000 Euro pro Person wurden schon vorab in das Projektkostenbudget eingerechnet. Meinen Sie, dass dabei auch nur eine Führungskraft mal daran gedacht hätte, dass man die Mitarbeiter vielleicht auch dafür hätte begeistern können, dass man den Beteiligten das als eine Herausforderung, auf die man am Ende stolz sein kann, nahebringt? Nein, Karotte vorhängen, dann läuft der Esel. Dachten wir – und haben uns so sehr geirrt!

Welche Rolle spielt die Hierarchie für das Verständnis von Führung? Drückt sich Führung nicht einfach schon in der Unternehmenshierarchie aus, in der Führungsverständnis und –qualität mit jeder hierarchischen Stufe ansteigen? Ein Blick in die Wirklichkeit der Unternehmen zeigt die Blauäugigkeit dieser Sichtweise. Wir brauchen uns dazu nicht das Prinzip der Stufen bis zur Inkompetenz („Peters' Principle", wonach eine Führungskraft so lange aufsteigt, bis sie eine weitere Stufe nicht mehr kompetent auszufüllen vermag) heranzuholen. Wir brauchen uns nur die Tatsache zu vergegenwärtigen, dass die Frage

„*Bin* ich eine Führungskraft" nach deren Ernennung zu einer solchen mit einem Tabu versehen ist. Gestellt wird stattdessen die Frage „*Kann* ich das?". Werden darauf hin Defizite festgestellt, dann wird eben ein weiteres Führungskräfte-Seminar gebucht. Um danach mit einem noch größeren Instrumentarium an „Führungs-Tools" am Mitarbeiter herum operieren zu können. Diese Führungskraft bezieht ihr Selbstverständnis aus der Stellung in der Hierarchie. Der Rang verleiht ihr Legitimation und Durchsetzungskraft, stärkt ihr den Rücken. Das geht natürlich zu Lasten der Persönlichkeit.

Authentizität wird häufig ersetzt durch Hierarchie und die mechanische Anwendung von Führungsinstrumenten.

Beispiele dazu kennen wir alle doch genügend. Denken wir nur an jene jährlichen „strukturierten" Mitarbeitergespräche, bei dem der Vorgesetzte sich durch den von der Personalabteilung vorgegebenen Beurteilungsbogen ächzt und windet. Weil er eigentlich so ein Gespräch gar nicht möchte, weil er „die Kreuzchen" schon gar nicht mag. Weil er sich im Grunde mit diesem Mitarbeiter gar nicht persönlich auseinandersetzen will. Aber er ist nun mal Abteilungsleiter und vor ihm sitzt der Mitarbeiter und dazwischen liegt dieser verflixte Beurteilungsbogen. Ich glaube, in solchen Situationen lernt ein aufmerksamer Mitarbeiter mehr über seinen Chef als umgekehrt.

Denn der ist einfach viel zu häufig dieser Frage ausgewichen. „*Bin ich eine Führungskraft?*" Hat sich dazu hinter Hierarchie und einem Berg an Führungsinstrumenten verschanzt. Die beide helfen, einen Mangel an Persönlichkeit, Nachdenklichkeit und Reflexion zu verstecken. Der authentische Führer dagegen stellt genau diese Frage in den Mittelpunkt seines Führungsverständnisses.

Führung ist für ihn eine Frage der inneren Haltung, nicht der Hierarchie.

Warum sollten wir uns denn ständig vergewissern, ob wir eine Führungskraft sind, wenn wir das ohnehin schon sind, so werden Sie nun einwenden. Oder: „Selbstzweifel kann ich mir als number one nicht leisten", wie mir eine Führungskraft verriet. Schade, denn hier wird das Kind mal wieder mit dem Bade ausgeschüttet. Der kritische Blick nach innen wird gleich als Selbstzweifel gedeutet und die Innenschau umgehend als Schwäche ausgelegt. Beides ist falsch. Zumindest eine falsche Sichtweise. Denn die Frage „*Bin* ich eine Führungskraft“ hat nichts mit einer grüblerischen Unsicherheit zu tun. Die Betonung liegt vielmehr auf dem „Bin“. Dazu braucht es einen ruhigen und klaren Blick nach innen, tief nach innen.

Dorthin wo die grundlegenden Merkmale der Persönlichkeit gespeichert sind, wo das Gerüst an Emotionen steht und die Ausprägungen des Charakters liegen. Dort wo eben all jene Denkweisen, all jene Verhaltensweisen wurzeln, denen Sie als Führungskraft täglich begegnen. Ansonsten wollen Sie doch auch immer „den Dingen auf den Grund gehen“ oder gar „in andere Menschen hineinsehen“. Warum dann nicht bei sich selbst? Und auf nichts anderes zielt diese Frage. Aber eben nicht beschränkt auf eine oberflächliche Betrachtung. Das hat also nichts mit Selbstzweifel zu tun, im Gegenteil, die vorurteilslose Kenntnis seiner eigenen inneren Strukturen schafft erst die Grundlage für Selbstvertrauen. Doch das werden wir später noch genauer beleuchten. Und auch damit, warum sich so viele scheuen, sich mit dieser Frage auseinander zu setzen.

Was haben wir bisher also gefunden? Führung ist weder die Gestaltung von Strukturen, noch das Entwickeln von Visionen, noch ständiges Motivieren. Und resultiert schon gar nicht aus der betrieblichen Hierarchie. Nein, das sind alles Begleiterscheinungen der Führung, Äußerlichkeiten. Der wahre Kern liegt anderswo. Zum einen im Inneren der Führungskraft, in seiner inneren Haltung. Zum anderen in seinem Handeln, also der Haltung nach außen. Führung befasst sich daher in erster Linie mit Menschen und der Gestaltung der Beziehungen mit ihnen und zwischen ihnen. Und zwar mit dem Ziel, dass alle Beteiligten (Führungskraft, die Mitarbeiter als unmittelbar Geführte, die stakeholder als mittelbar Geführte) ein Höchstmaß ihrer Potenziale einzusetzen vermögen. Für diese besondere Zielrichtung und Qualität der Beziehungen ist die Führungskraft – und nur sie! – verantwortlich. Das ist ihre Hauptaufgabe.

Führung ist die Gestaltung von Beziehungen mit dem Ziel, die vorhandenen Potenziale der Beteiligten voll entfalten zu können.

Gilt dies gleichermaßen für den Gruppenleiter wie für die Top-Executive Ebene im Konzern? Auch wenn die Antwort für die oberen Führungsebenen unbequem und scheinbar unpassend sein mag – sie lautet eindeutig: Ja! Wie wir in den weiteren Ausführungen noch viel deutlicher sehen werden, gründet authentische Führung in der Beziehungsebene (siehe dazu auch Hill, Linda, 2010, mit ihrem auf Nelson Mandela fußenden Konzept „Leading from Behind"). Wir werden dabei erfahren, dass Authentizität das Herz der Führung ist. Dazu muss sie allerdings auf allen Ebenen im Unternehmen gleichermaßen gelten. Auch für die Top-Führungsebene. Gerade sie kann und darf sich dieser Forderung nicht entziehen, indem sie – so die beliebte Ausrede – auf ihre „übergeordneten" strategischen Funktionen verweist. Denn gerade die oberste Führungsebene gestaltet und prägt die Unternehmenskultur. Das ist eine ihrer Kernfunktionen, die sie im Bereich „Führungskultur" nur dann zufrieden stellend zu erfüllen vermag, wenn sie Führung vorbildhaft vorlebt. Unternehmensführer, die sich von Mitarbeitern hermetisch abkapseln, die sich für die zwischenmenschliche Beziehungsdimension für „zu wichtig" halten, können weder eine Führungskultur im Unternehmen schaffen noch diese prägen.

Denn woran wird sich der Gruppenleiter in seinem Führungsverhalten letztlich orientieren als an seinen Vorgesetzten – und eben ganz oben an der Geschäftsleitung? Aus der Vorstandsebene ist dann häufig zu hören, die Mitarbeiter wären ja zu weit entfernt, um das Führungsverhalten des Vorstandes wahrzunehmen. Wer so denkt, ist auf dem besten Wege, sich als Führungskraft zu disqualifizieren, da er anscheinend den Realitätsbezug im Unternehmen verloren hat. Die Mitarbeiter und die stakeholder beobachten mit Argusaugen jeden Schritt, jede Äußerung, jede Unterlassung „ihres" Vorstandes. Und sie wissen besser also so mancher Vorstand zu wissen glaubt, wer authentisch ist und wer nicht. Und wem man glauben und folgen kann...

Und noch ein weiteres Missverständnis taucht auf, wenn wir von „Gestaltung von Beziehungen" als der Essenz der Führungsaufgabe sprechen. Ungläubig ob der ungewohnten Betrachtungsweise werde ich von Führungskräften kritisch gefragt, ob es mir nur darum ginge, im Unternehmen „Prima-Klima" oder eine „Kuschel-Wohlfühl-Atmosphäre" zu schaffen? Das Wort „Beziehung" tauche ja häufiger im Zusammenhang mit Partnerschaft und Familie auf als im Zusammenhang mit Unternehmen. Eine klare Antwort: es geht weder um einen Schmusekurs im Führungsalltag noch um die Einführung familiärer Elemente in das Unternehmensleitbild. Nein, es geht schlicht und einfach – und völlig wertfrei – um das, mit dem eine Führungskraft immer und überall zu tun hat: die Beziehungen zwischen Menschen. Eine Führungskraft steht immer im Schnittpunkt der Beziehungen zwischen Menschen. Ansonsten bräuchten wir sie ja nicht. Wie diese Beziehungen schließlich dann beschaffen sind, ob formal oder freundschaftlich, ob distanziert oder überwachend, ob kuschelig oder autoritär, das sei den jeweiligen Personen und der jeweiligen Situation angepasst. Doch immer entscheidet die Qualität der Beziehungen, die Art und Weise, wie diese organisiert bzw. gemanagt werden, über die Wirksamkeit der Führung. Denn die Qualität der Beziehungen bestimmt, in welchem Umfang die Potenziale der Mitarbeiter für das Unternehmen freigesetzt und genutzt werden können. Da Sie –die Führungskraft – es sind, die in erster Linie für die Qualität der Beziehungen verantwortlich ist, ist es auch Ihre ganz persönliche Haltung, auf die alleine es ankommt. Und diese Haltung hat zwei Komponenten. Damit beschäftigen wir uns nun im folgenden Kapitel.

b. „Eins mit sich" heißt „klar für die anderen"

Haltung, so hatten wir schon gesehen, umfasst alle grundlegenden Einstellungen zu unserer eigenen Person, zu anderen Personen und zu den Beziehungen dazwischen. Mit unserer Haltung zeigen wir uns den anderen. Und drücken dies in unserer Körperhaltung, mit unserer Mimik und Gestik aus. In der Körperhaltung spiegelt sich unsere gesamte Haltung wider. Wir brauchen nicht an Extreme wie den schleppenden Gang eines ausgebrannten Managers, der keinen Halt mehr findet, zu denken. Schauen Sie sich um in Ihren Sitzungen und Veranstaltungen. Wer sitzt aufrecht, mit geradem Rücken, leicht nach vorn gebeugt – Aufmerksamkeit und Interesse signalisierend? Wer sitzt weit zurückgelehnt, entspannt die Beine über Kreuz, die Hände lässig in den Taschen oder im Nacken verschränkt? Dahinter steckt nicht nur ein Interesse oder Desinteresse am Thema oder für den Sprecher. Nein, dahinter steckt ein ganzes Bündel an Einstellungen, die Haltung eben.

Versuchen Sie diese zu entdecken, zu entschlüsseln und bleiben nicht gleich bei der Standard-Antwort „hat eben kein Interesse" hängen. Sie werden sehen, welche Facetten Ihre Mitarbeiter alle so haben. Fragen Sie sich doch, welche Einstellungen denn vorliegen müssen, damit jemand überhaupt Desinteresse zeigen kann? Respektlosigkeit anderen gegenüber wäre vielleicht eine, die Einstellung eben, dass andere weniger Respekt verdienen sollten als ich. Lernunwilligkeit wäre vielleicht eine weitere. Nach dem Motto, ich weiß schon alles, was könnte man mir noch beibringen? Neugierde ist einer solchen Einstellung völlig fremd. Man glaubt fest, die Welt bereits erfasst zu haben, warum daher suchen, neugierig oder interessiert sein? Um aus der Körperhaltung auf die Haltung, also auf die Einstellungen zu schließen, brauchen Sie keine Tiefenpsychologie. Dazu brauchen Sie nur eine gehörige Portion Interesse und Neugierde am Menschen. Eine Haltung eben, dass jeglicher Mensch zunächst einmal Interesse und Respekt verdient.

Die Körperhaltung kann uns also bereits sehr viel über die Haltung, über die grundlegenden Einstellungen einer Person aussagen. Aber es ist beileibe nicht die Körperhaltung, die wir hier mit der „äußeren“ Haltung meinen. Sie ist sicherlich ein wesentlicher Ausdruck vor allem der inneren Haltung, aber doch nicht identisch mit der äußeren Haltung. Das sollten wir bei den folgenden Gedanken stets im Auge behalten. Und ebenso, weshalb wir uns mit den Haltungen beschäftigen:

Die Haltung bestimmt, wie wir als Führungskraft unsere Beziehungen gestalten.

Beginnen wir mit der inneren Haltung. Sie zeigt, welche Einstellungen eine Person zu sich selbst hat. „Wie halte ich es mit mir, meinen Eigenheiten?“, so kann sich die Führungskraft fragen. Nicht nur zu ihrem „Ich“ und ihrem „Selbst“. Nein, hier geht es um das gesamte Spektrum einer Persönlichkeit. Dazu gehört sicherlich zunächst einmal die grundlegende Annahme über den Aufbau der Persönlichkeit. In welchem Verhältnis stehen die Elemente des Dreiklangs Körper, Gefühl und Geist zueinander? Wird angenommen, das Bewusstsein dominiere, haben wir eine ganz andere Haltung zu Körper und Geist, als wenn wir eine Gleichberechtigung aller drei annehmen würden. Und wie hängen diese drei miteinander zusammen, wenn überhaupt? Wer kommuniziert hier mit wem, und vor allem wie?

Die Einstellung einer spirituell geformten Persönlichkeit ist in diesem Fall sicherlich eine gänzlich andere als die eines Intellektuellen. Beim ersten kann die Person vor allem Geist sein, in der die sichtbare Materie nur ein kleiner Teil der erfahrbaren Innenwelt ist, beim Intellektuellen spielt vielleicht der Verstand die Schaltzentrale aller psychischen und physischen Vorgänge, die allesamt aber analytisch erfassbar sind. Da wäre dann kein Platz für unerklärliche Phänomene, für eine Welt jenseits des Erklärbaren.

Halt! Auszeit! Hier kann ich Sie einerseits beruhigen, muss Sie andererseits aber auch warnen! Sie können versichert sein, dass wir das Thema Führung nicht aus den Augen verlieren. Aber Haltung ist für unser Konzept der authentischen Führung von grundlegender Bedeutung. Deshalb brauchen wir auch die etwas breiteren Erörterungen dazu, bitte daher um Geduld, auch hier gilt, der Weg ist das Ziel.

Zum anderen die Warnung. Es geht bei den Einstellungen nicht um wissenschaftlich geschlossene oder gar „objektive" Welterklärungen. Dazu haben sich große Geister von Plato bis Schopenhauer, von Augustinus bis Freud Gedanken gemacht und mehr oder weniger schlüssige Erklärungen zur Beschaffenheit des Menschen und der Welt erstellt. Um was es bei den Einstellungen geht, sind schlichtweg jene Annahmen, Erklärungen und Deutungen, die jeder einzelne von uns entwickelt, um mit sich und der Welt klarzukommen. Das muss nicht wissenschaftlich sein, das muss vielleicht nicht einmal logisch sein. Das muss dem Einzelnen einfach ein Zurechtfinden in sich und der Welt ermöglichen. Die einzige Unterscheidung, die wir treffen können, ist die zwischen einer reifen Persönlichkeit mit einer „reifen und reflektierten" Haltung einerseits und einer nicht ausgereiften Persönlichkeit andererseits. Deren Haltung mag eher Ergebnis zufälliger Umstände und äußerer Einflüsse sein und weniger das Ergebnis einer gewollten und gezielten Auseinandersetzung mit sich und der Welt. Erwarten Sie also bitte nicht Objektivität, wenn wir über die Ausprägungen der inneren Haltung sprechen. Diese entsteht rein aus dem subjektiven Erleben.

Innere Haltung ist das Ergebnis der ganz persönlichen Kommunikation zwischen dem bewussten „Ich" und den tiefen Schichten des „Selbst".

Bleiben wir noch kurz bei der inneren Haltung. Zu den grundlegenden Einstellungen der Person gegenüber gehören ganz wesentlich die Annahmen zur Rolle und zur Beschaffenheit der Emotionen. Sind diese einfach da, eigenständig und kaum kontrollierbar? Dürfen wir sie zulassen, ja können wir sie überhaupt zulassen? Wie wir mit den

Gefühlen umgehen, wie wir zu unseren Gefühlen stehen ist in unseren Einstellungen gespeichert und bildet Teil unserer inneren Haltung. Das Gleiche gilt für die weiteren Bestandteile des „Selbst", die grundlegenden Charakterzüge und die grundlegende Wertestruktur. Sie sind nicht Teil der Haltung, sie gehören zu unserem Selbst.

Aber unsere Einstellung dazu, wie weit wir überhaupt unsere grundlegenden Charakterzüge kennen, sie akzeptieren oder auch ablehnen, uns mit ihnen auseinandersetzen, das formt unsere innere Haltung. Dort wird dann festgehalten, ob und inwieweit wir uns selbst schätzen und achten können, ob und inwieweit wir uns selbst vertrauen können, ob und inwieweit wir uns selbst disziplinieren können oder nicht. Aber auch die Antwort auf die noch grundlegenderen Fragen, ob und wie wir uns selbst wahrnehmen wollen oder können, wird in den Einstellungen und damit als ein Bestandteil der inneren Haltung (nämlich die der Achtsamkeit und Selbstwahrnehmung) festgehalten.

Das Innen und das Außen

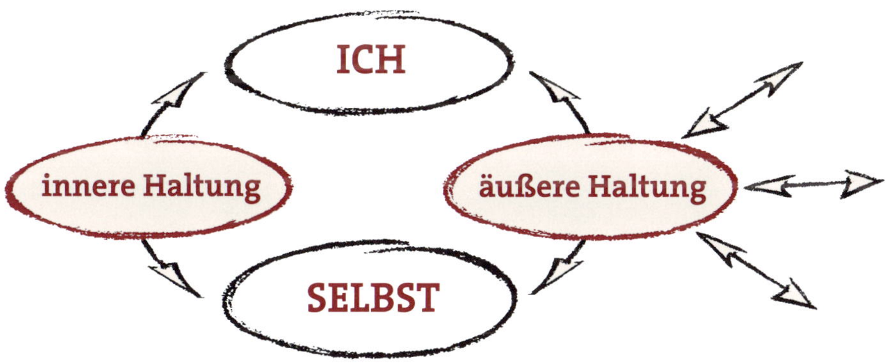

Kommen wir nun zur äußeren Haltung. Hier sind alle unsere Einstellungen gegenüber der Außenwelt festgehalten. Und die beginnt nun mal mit der Welt in ihrer Gesamtheit. Ist die Welt objektiv da oder entsteht sie „nur" in unserem Kopf? Neigen wir zur zweiten Deutung dann gibt es eigentlich keine Wirklichkeit ohne uns. Dann konstruieren wir nicht nur laufend unsere „eigene" Welt, dann haben wir aber auch klare Verantwortung für die Beschaffenheit der Welt. Und das prägt natürlich maßgeblich unsere Einstellung zur Umwelt. Genauso wie die Frage, ob unser Leben in der Hand des Schicksals liegt oder wir uns jederzeit völlig frei entscheiden können.

Achtung! Auch hier gilt wieder das oben gesagte: es geht hier nicht darum, die „richtige" Antwort zu finden. Es geht vielmehr darum, in der Auseinandersetzung mit der Außenwelt eine für uns individuelle Antwort auf diese Fragen überhaupt zu suchen. Und sowohl die Suche als auch die Antwort wird dann unsere Einstellung zur Außenwelt, unsere äußere Haltung eben, bestimmen. So etwa auch die Frage nach der Natur des Menschen. Hört sich vielleicht sehr philosophisch-abstraktabgehoben an. Aber gehen Sie doch einmal einen Moment in sich und fragen sich: ist der Mensch im Grunde gut oder ist er böse, ist er egoistisch oder altruistisch, ist er vernünftig oder sinn-los handelnd? Wenn Sie vom „guten" Menschen ausgehen, warum kontrollieren Sie dann noch Ihre Mitarbeiter? Gehen Sie dagegen von der Schlechtigkeit des Menschen aus, dann haben Sie ja schon einen Teil der Mauer erklärt, die Sie um sich herum errichtet haben. Aber sich vielleicht gleichzeitig beklagen, dass Sie keinen Draht zu Ihren Mitarbeitern finden. Vertrauen – genauso wie das Nicht-Vertrauen – ist eine der ganz grundlegenden Haltungen nach außen. Ebenso die Wertschätzung, der Respekt, den wir der Welt und den Mitmenschen entgegenbringen – oder auch nicht. Ebenso die Frage nach unserer individuellen Rolle in der Welt, welchen Sinn wir haben, ob es Sinn gibt und wir ihn nur noch finden müssen oder wir der Welt Sinn geben müssen? Die persönlichen Antworten darauf, unsere Einstellungen zu diesen Themen der Außenwelt, sind wiederum Teil unserer äußeren Haltung. Sie umfasst damit vor allem

die Einstellungen und Überzeugungen, mit denen wir der Welt begegnen, mit denen wir unser Verhältnis zur Umwelt und den Menschen definieren.

Nun haben wir die beiden Teile unserer Haltung, die innere und die äußere, kennengelernt. Dabei konnte der Eindruck entstehen, beide Teile könnten unabhängig voneinander existieren, ja könnten gar unabhängig voneinander entstehen? Dem ist jedoch nicht so. In welcher Beziehung also stehen die innere und die äußere Haltung eines Menschen zueinander? Ich denke, Sie haben ausreichend Beispiele aus Ihrem Führungsalltag, mit denen wir uns einer Antwort nähern können. Vielleicht haben Sie solche bislang nur noch nicht unter diesem Aspekt betrachtet.

Der Lieferant, der Ihnen sein Produkt vorstellt, perfekt im Auftritt, perfekt in der Präsentation – doch Sie nicht mal erwähnte. Ihr Gruppenleiter, der von der Zusammenarbeit mit seinen Mitarbeitern schwärmt, vom Vertrauen und Respekt in seiner Gruppe – dessen Herz Sie jedoch nicht spüren und der durch Sie hindurchsieht. Der Leiter der Kommunikationsabteilung, der wendig im Wort die Bedeutung der Kommunikation preist – aber noch niemals zuhören konnte. Ihr Bekannter, der Ihnen seinen Zeitungsbeitrag über „Glück" vorliest – und dessen fahle Augen von der Kluft zwischen seinem Innen und Außen zeugen.

Sie finden bestimmt noch viele solcher Beispiele – Situationen, in denen Sie mehr spürten als wussten, dass das, was Ihnen gezeigt und geboten wurde, nur die eine Seite der Medaille war. In denen Sie ahnten, dass das nicht alles gewesen sein konnte. Wo Sie vielleicht eine Unzufriedenheit in der Bauchgegend spürten, diese sich jedoch nicht zugestehen wollten. Wo nach einem inhaltlich guten Gespräch Kälte das einzige ist, woran Sie sich erinnern können. Sie haben – vielleicht ohne es wahrzunehmen – versucht, die äußere Haltung mit der inneren Haltung Ihres Gegenübers abzugleichen. Und nichts gefunden. Und deshalb fehlte etwas im Gesamtbild, verspürten Sie die Leere bloßer Worte.

Äußere und innere Haltung können auseinanderfallen, ja können getrennt voneinander existieren.

Das kann vielerlei Gründe haben, auf die wir später noch einmal zurück kommen. Nur soviel vorab: Fehlt die innere Haltung und wird durch eine Überbetonung der äußeren versteckt – dann wurde die innere wohl nicht entwickelt, vielleicht gab es keinen inneren Dialog, keine Reflexion. Oder es weicht die äußere Haltung stark von der inneren ab – dann ist man sich nicht im Klaren über die innere Haltung, es fehlt an Selbstwahrnehmung und an der Achtsamkeit nach innen. Verspüren wir dagegen die Kraft und Gelassenheit, die Klarheit und Ruhe die von einer Person ausgeht, dann haben wir eine Deckungsgleichheit von innerer und äußerer Haltung vor uns – und damit eine authentische Persönlichkeit. Wie wir diese Übereinstimmung und somit Authentizität erreichen können, das werden wir uns in den folgenden Kapiteln näher ansehen.

Bleibt vorerst an dieser Stelle noch auf eine Frage einzugehen. Wird die äußere Haltung von der inneren bestimmt? Oder ist es vielleicht nicht doch umgekehrt? Ich könnte nun seitenlange philosophische Betrachtungen darüber anstellen – aber Gefahr laufen, darüber Ihr geschätztes Interesse zu verlieren. Ich begnüge mich also mit einem pragmatischen Blick auf dieses Thema – denn wir wollen ja in erster Linie eine neue Perspektive für unser Führungshandeln erhalten und damit unsere Führungsarbeit verbessern.

Als Kind bestimmt uns zunächst die Umwelt in einem starken Maße, d.h. die Einstellungen zur Welt und zum Menschen werden entwickelt, zumeist unter Mitwirkung der Eltern und Lehrer. Im Laufe der Entwicklung beginnen wir darüber zu reflektieren (manche auch nicht ...) und setzen damit eine Auseinandersetzung mit uns selbst und unserer Umwelt in Gang. Das eigene Reflektieren, aber auch die Auseinandersetzung mit den anderen, formt Einstellungen in Bezug auf uns selbst, die von den – vermittelten und überlieferten – Einstellungen in Bezug auf die Außenwelt und die Mitmenschen abweichen können. Die Entwicklung einer Haltung zu uns selbst ist Teil unseres persönlichen Entwicklungsprozesses. So wie wir eine Einstellung zur Welt und den Menschen suchen, so müssen wir auch eine Einstellung zu uns entwickeln. Gelingt das nicht, dann fehlen am Ende Selbstvertrauen (wird nach außen oft durch Sturheit und Härte kaschiert), Selbstwertgefühl (wird häufig hinter Unterordnung und blinder Gefolgschaft versteckt) und Selbstdisziplin (wird oftmals nach außen durch Härte und Unberechenbarkeit kompensiert). Kommt Ihnen bekannt vor, nicht? Auf solche Exemplare sind Sie doch bestimmt auch schon öfter als Ihnen lieb war gestoßen ... wir werden nachher auch noch auf sie treffen.

Führung befasst sich in erster Linie mit der Gestaltung von Beziehungen. Daher sind hier für uns all die Einstellungen unserer Haltung bedeutsam, die sich auf die Beziehungen zwischen Menschen und auf die Beziehungen in uns selbst beziehen. Mit dem Selbstvertrauen, dem Selbstwertgefühl und der Selbstdisziplin hatten wir drei Bausteine der inneren Haltung schon genannt. Aber jedes Innen hat sein Außen, und so gilt auch hier, dass jede Haltung nach innen auch eine Entsprechung nach außen hat.

	HALTUNG	
nach INNEN		**nach AUSSEN**
Selbstvertrauen	und	Vertrauen
Selbstwert	und	Wertschätzung
Selbstdisziplin	und	Konsequenz
= Haltung zu sich selbst		= Haltung zu den anderen

Damit haben wir das Grundgerüst für die Authentizität einer Führungskraft errichtet. Im Abschnitt V werden wir auf die einzelnen Elemente der Haltung noch sehr viel genauer eingehen. Wir werden dieses Grundgerüst auch noch ergänzen um die Elemente der Achtsamkeit und der Sinnfindung. Aber davon gleich mehr im nächsten Kapitel.

Bevor wir jedoch weitergehen, rufen wir uns an dieser Stelle noch einmal unsere vier bislang gefundenen grundlegenden Ausgangspunkte in den Sinn. Denn sie bestimmen unseren weiteren Weg in Richtung einer authentischen Führung:

1. Führen ist das Gestalten von Beziehungen.
2. Beziehungen existieren zwischen Menschen, aber auch im Innern einer Person, zwischen dem „Ich" und dem „Selbst".
3. Die Qualität der Beziehungen wird in erster Linie durch die Haltung der Führungskraft bestimmt.
4. Es gibt eine innere Haltung und eine äußere Haltung.

Für die Betrachtung unserer Führungstätigkeit haben wir mit der Hervorhebung der „Beziehungen" also eine neue Perspektive eingeführt. Und diese auch noch gleich erweitert, nämlich in das Innere einer Person. Wir unterhalten uns also über die Beziehung zu uns selbst und über die Pflege der Haltung uns selbst gegenüber. Die Pflege der Haltung ist nichts anderes als „Selbstführung". Das ist in der Praxis nicht ganz so einfach, wie es sich anhört. Deshalb möchte ich das im Folgenden auch als „Kunst" bezeichnen, nämlich als die „Kunst der Selbstführung". Sie werden nicht nur sehen, warum es des kunstvollen Umgangs mit uns selbst bedarf. Sie werden auch sehen, dass mit der Selbstführung die Grundlage für authentisches und nachhaltig wirksames Handeln gelegt wird.

3. Die Kunst der Selbstführung – auch Kunst ist lernbar!

a. Das Selbst führen – doch wohin geht die Reise?

Dringen wir auf unserem Weg zur Führungskunst, zur authentischen Führungskraft, ein Stück weiter vor in die weite Bergwelt und machen uns an den ersten Aufstieg. Sind Sie mit dabei? Dann sollten Sie sich zunächst vergewissern, ob Sie auch wirklich alles bei sich haben, was wir zu Beginn der Reise in unseren Rucksack steckten. Vom „Ich“ hatten wir gesprochen als der Bewusstseins-Ebene, zu der auch der Verstand als ordnendes und deutendes Element gehört. In den Tiefen unserer Persönlichkeit verborgen, das „Selbst“, in das die grundlegenden Charakterzüge, die emotionale Grundstruktur sowie die grundsätzlichen Werte und Überzeugungen eingraviert sind. Zwischen beiden Schichten herrscht ein reger Austausch, dessen Regeln die Haltung einer Person bilden. Also alles da? Bereit? Dann machen wir uns auf den Weg.

Beginnen wir mit dem Dialog zwischen dem „Ich“ und dem „Selbst“. Wir hatten ja schon gehört, dass es nicht die „Selbstgespräche“ sind, die hiermit gemeint sind. Die kennen Sie ja auch zur Genüge. Sie spielen sich zumeist auf der Ebene des „Ich“ ab, kommen spontan, haben zumeist mit Gefühlen zu tun und sind vor allem eines – relativ unstrukturiert. Beispiele dazu fallen Ihnen da sicherlich genauso schnell ein wie mir: Da hat wieder der Mayer den Sitzungsverlauf mit überflüssigen Fragen und wenig konstruktiven Kommentaren durcheinander gebracht. Sie haben die offene Konfrontation gescheut und danach – im Selbstgespräch – schelten Sie den Mayer, aber mehr noch – sich selbst. „Sie machen Ihrem Ärger Luft“, auch wenn's keiner hört. Stellen dann Fragen an sich selbst „warum habe ich das schon wieder durchgehen lassen?“, beruhigen sich mit einer unbefriedigenden Antwort „den werde ich mir später holen“, fragen sich dann doch wieder „warum macht er das?“, um darauf erneut zu antworten „der ist einfach gegen mich, der kann doch mit Keinem“ und so weiter und so fort. Wesentlich ist, dass solche Selbstgespräche zwar gefühlsmäßig getrieben sind (oft begleitet vom „Kloß im Hals“ oder der „Wut im Bauch“), aber sich rein auf der Bewusstseins-Ebene abspielen. Im kognitiven Bereich, sagen die Psychologen. Ganz oben im Kopf eben, weit entfernt vom Bauch und dem Selbst. Damit sind die Selbstgespräche zwar nicht ganz unwichtig, aber sie sind hier nicht unser Thema. Denn wie wir später noch sehen werden, ist sogar das Gegenteil der Fall: um die leisen Stimmen unseres Selbst zu hören, müssen wir die Selbstgespräche, das „unablässige Gebrabbel im Kopf“, einstellen. Und wenn's uns nur während einiger Minuten bewusster Stille gelingt – damit haben wir dann bereits meditiert. Doch davon später.

Wir wollen uns aber hier zunächst einem anderen, weniger offensichtlichen „inneren Dialog“ zuwenden. Der allerdings für uns viel bedeutsamer als die Selbstgespräche ist. Wir haben gesehen, dass inmitten unserer Person, nämlich zwischen der Ebene des bewussten „Ich" und der Ebene des weitgehend unbewussten „Selbst" eine ständige Kommunikation stattfindet. In diesem Austausch wird unsere Haltung geformt. Und zwar zunächst einmal die Haltung uns selbst gegenüber. Na ja, werden Sie nun sagen, da bin ich entweder positiv oder negativ zur mir eingestellt. Ui, haben Sie etwa Kapitel IV/1 überschlagen? Dort hatten wir die innere Haltung als die grundlegenden Einstellungen zu unserer Person verstanden. Also unsere Einstellung zu unseren Charakterzügen, zu unserer emotionalen Grundstruktur und so weiter. Und diese Einstellungen regeln das Verhältnis zwischen dem „Ich" und dem „Selbst". Wollen wir nun bewusst und zielgerichtet auf diese Beziehung Einfluss nehmen, dann sind wir bei der Selbstführung angelangt. Keine Angst, wir werden das gleich noch mit Beispielen veranschaulichen. Aber zuerst nochmals: Als Selbstführung bezeichnen wir die bewusste Gestaltung und Pflege der Beziehungen zwischen dem Ich und dem Selbst. Oder etwas lebensnäher ausgedrückt:

Selbstführung ist die Gestaltung und Pflege der inneren Haltung, also der Einstellungen uns selbst gegenüber.

Soviel können wir also jetzt schon sagen: Selbstführung ist eher eine Hinführung zum Selbst und weniger eine direkte Führung des Selbst. Dazu ist das „Selbst" zu tief vergraben, zu tief verwurzelt, als dass wir direkt dort ansetzen könnten. Pflegen wir daher unsere Haltung – die zu uns selbst – und nähern wir uns damit unserem Selbst. Das genau ist der Weg zur Authentizität – aber der lässt sich ohne Anstrengung nicht gehen.

Warum aber führt der Weg zur Authentizität so zwingend über die Selbstführung? Die Antwort liegt in dem, was Daniel Goleman als das „Leadership Paradox" bezeichnet. „ For leaders, the first task in management has nothing to do with leading others; Step one poses the challenge of knowing and managing oneself" (Goleman, D., in Boyatzis, R., McKee, A., 2005, Vorwort, S. x). Sich selbst kennen und sich selbst leiten! Nichts anderes ist Selbstführung. Die authentische Führungskraft denkt und handelt angebunden an die tiefen Strömungen aus dem Selbst. Sie hat damit einen seelischen Anker, der ihr Stabilität verleiht. Sie steht in enger Beziehung zu ihren Wurzeln, mit denen sie tief verborgene Quellen anzapfen kann. Daraus schöpft sie Wissen und Gewissheit, aber auch die Energie für ein hochmotiviertes Handeln.

Doch dazu muss sie sich auch in ihren tieferen Schichten kennen und verstehen, muss vor allem die Interaktionen zwischen den Schichten kennen. Den nur so wird sie in der Lage sein, die innere Haltung und die Haltung nach außen zu harmonisieren, in Übereinstimmung zu bringen. Das hat weitreichende Konsequenzen: für die praktische Führungsarbeit, aber auch für die Ausrichtung der Führungskräfte-Fortbildung. Beschäftigen wir uns zu allererst mit uns selbst. Wagen Sie daher den Blick nach innen! Erst dann sind Sie wirklich bereit, andere zu führen. Das ist die Botschaft der Selbstführung.

Schön und gut, werden Sie sagen, aber was bringt's? Bin ich dann ausgeglichener, was mir und meinen Mitarbeitern sicherlich gut tut? Bin ich dann egoistischer, besser im „Nein-Sagen"? Kann schon sein. Aber im Kern zielt die Selbstführung einfach darauf, dass Sie Ihr Innenleben besser verstehen. Und über dieses bessere Verständnis dann in der Lage sind, die Beziehungen zu Ihren Mitarbeitern und Kollegen und den anderen Stakeholdern produktiver zu gestalten.

Selbstführung ist die Voraussetzung für die Wirksamkeit von Führung.

Die Führungseffizienz hängt entscheidend davon ab, inwieweit es Ihnen gelingt, die Beziehungen zu allen Beteiligten in Ihrem Wirkungskreis so zu gestalten, dass diese ein Höchstmaß ihrer Potenziale dem Unternehmen und dem gemeinsamen Ziel zur Verfügung stellen. Das muss Ihr Ziel als Führungskraft sein. Daran werden Sie gemessen. Sind die Beteiligten – in erster Linie Ihre Mitarbeiter – nicht (mehr) auf das Unternehmensziel ausgerichtet, sind sie gezwungen, ihre Ressourcen anderweitig zu binden oder sind sie schlicht und einfach nicht mehr bereit, Ihnen „mehr" zu geben, dann beginnt Ihre Führungsarbeit ins Leere zu laufen. Sie werden als Führungskraft unwirksam. Ein Beispiel soll dies veranschaulichen. Die Tochtergesellschaft eines internationalen Konzerns hatte jahrelang eine prächtige Entwicklung gezeigt, die Mannschaft war motiviert, Ergebnisse und Stimmung bewegten sich auf hohem Niveau. Nach und nach begannen Reibereien mit der Konzernmutter im Ausland. Auf allen Ebenen zogen sich Abstimmungsgespräche immer endloser und ergebnisloser hin, Informationen wurden zurückgehalten, Reports trotzten vor Untergriffen. Projekte überschritten Budgets und Zeitlimite, die Stimmung sank ins Bodenlose. Die Geschäftsführung versuchte dagegen zu steuern mit Strategierunden, Aussprachen, Coaching und Teambuilding. Der Leerlauf wurde nur noch größer, die Reparatur erforderte von den Führungskräften einen immer höheren Ressourceneinsatz. Nichts schien mehr zu greifen. Sie kennen das, an der Stelle wird dann zumeist ein externer Berater als „Problemlöser" eingeschaltet.

Was aber war passiert? Die Muttergesellschaft hatte in den vergangenen Jahren den Umfang fallweiser Eingriffe in die Kompetenzen der Tochtergesellschaft massiv ausgeweitet, die Einführung einer Corporate Governance zur generellen Regelung des Verhältnisses wurde immer wieder hinausgeschoben. Auch aufgrund ausbleibender Erklärungen verfestigte sich die Überzeugung der Geschäftsführer der Tochtergesellschaft, dass es hier um einen persönlich motivierten Feldzug ging. Ausbleibende Anerkennung trotz der Erfolge, empfundene Demütigungen in Konzernsitzungen und „Straf"-aktionen emotionalisierten das Verhältnis zunehmend. Brachten es vom Kopf in den Bauch der Geschäftsführer. Und ebenso zunehmend transportierte die Geschäftsführung diese emotionale Melange in ihr Unternehmen.

Bald gab es – obwohl so nicht beabsichtigt – für alle Mitarbeiter des Tochterunternehmens ein klares Feindbild: „Die da oben im Konzern", mit den oben geschilderten Entwicklungen. Keiner der Geschäftsführer hatte das Ausmaß und gar die Wirkungen seiner emotionalen Verfassung erkannt. Schlussendlich war der Großteil ihrer Handlungen emotional negativ aufgeladen und bestimmt – ohne dass sich einer dessen bewusst war. Man hing ausgeliefert am Gängelband der Emotionen und fühlte sich auch noch sehr wohl dabei. Wären die Führungskräfte mit der Qualität ihres Innenlebens vertrauter gewesen, hätten in sich gehört und gespürt, was sie letztlich wirklich antreibt, hätten Leerlauf und Ressourcenverschwendung von vornherein vermieden werden können. Haben andererseits Sie selbst Tochtergesellschaften zu führen, dann sollten Sie auch solche Dinge in Ihr Kalkül mit einbeziehen ...

Sie kennen Beispiele wie dieses aus Ihrer eigenen Führungspraxis. Lassen Sie die letzten kritischen Führungssituationen vor Ihren Augen passieren, fragen Sie sich, ob Sie dabei die innere Dimension, Ihr „eigenes Innenleben", ausreichend im Blick hatten. Hatten Sie sich selbst geführt? Oder hingen Sie am eigenen Gängelband und wurden geführt – ohne es zu merken? Selbstführung heißt also zunächst einmal

Wahrnehmen und Erkennen, was uns wirklich antreibt. Und erst danach können wir daran gehen, diese Dinge auch zu beeinflussen.

Betrachten wir daher nun zunächst jene Bereiche des Innenlebens, denen sich die Führungskraft im Rahmen der Selbstwahrnehmung und des Selbsterkennens besonders widmen sollte. Das sind jene bereits früher beschriebenen wesentlichen Teile des „Selbst", nämlich die grundlegenden Charakterzüge mit ihrer emotionalen Grundstruktur, die grundlegenden Überzeugungen und Annahmen sowie die eigene Wertestruktur.

Das Selbst führen – sich selbst führen?

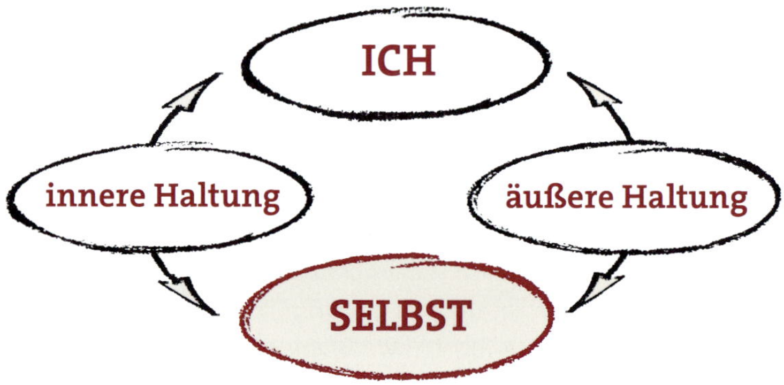

Emotion, Werte, Grundüberzeugungen

Beginnen wir mit der emotionalen Grundstruktur. Warum? Weil sie von Führungskräften am häufigsten verkannt, verleugnet und versteckt wird. Und sie unser Führungsverhalten mit am nachhaltigsten bestimmt, wie wir eben gesehen haben. Es geht letztlich darum, über die Kenntnis der Grundmuster unserer Gefühlswelt auch auf diese Einfluss nehmen zu können. Denn:

Ohne Selbstführung sind wir Spielball unserer Emotionen

In unserer emotionalen Grundstruktur sind viele unserer Erfahrungen aus der Vergangenheit festgehalten. Vor allem jene, die wir im Rückblick als „prägend" empfinden. Eben weil sie sich tief in uns eingeprägt haben. Weshalb oft auch vom „emotionalen Erfahrungsgedächtnis" (Gerhard Roth, in Dietz, 2008, S. 39) gesprochen wird. Da wurden Erlebnisse und Erfahrungen gemeinsam mit Emotionen oder gar nur als Emotion abgespeichert und später, sobald gleiche oder ähnliche Situationen vorliegen, wieder abgerufen. Oder genauer gesagt dann, wenn unsere Vorstellung uns ein Vorliegen gleicher oder ähnlicher Situationen signalisiert.

Dies kann sich als Druck in der Magengegend zeigen, „der wie eine Keule einschlägt“, wenn die Führungskraft vor versammelter Runde auf seinen Sprachfehler angesprochen wird. Und dabei sein Erfahrungsgedächtnis sofort jene Lehrer-Schüler-Situation hervorholt, in der ihn ein Lehrer in der Grundschule vor der ganzen Klasse bloßstellte. Oder die Beklemmung in der Brust, „die den Atem einschnürt“, wenn der schüttere Haarwuchs zum Thema wird und das Erfahrungsgedächtnis sofort jene Situation der Zurückweisung empor holt, die man sich vor Jahren bei einer missglückten Verabredung „eingefangen“ hat. Oder die zusammengepressten Lippen, wenn die Führungskraft sich von einem Kollegen ungerecht behandelt fühlt und ihr Erfahrungsgedächtnis sich sofort auf jene Situation bezieht, wo sie als kleines Mädchen vor der Mutter steht, zu Unrecht gescholten, verurteilt und zurückgewiesen, gekränkt, ohne auch nur die geringste Möglichkeit der Klarstellung zu haben.

Solche Reaktionen sind nicht nur Führungskräften wohlvertraut. Aber nur die Wenigsten sind sich über die zugrundeliegende Verkettung im Klaren. Keine Sorge, ich werde nun nicht auf den „Für-alles-finden-wir-Gründe-in-der-Kindheit“-Kurs der Populär-Psychologie einschwenken. Hier geht es zunächst einmal um etwas viel Einfacheres. Nämlich überhaupt zu erkennen, dass die Gefühle beteiligt sind und wie sie beteiligt sind. Denn unsere Reaktionen sind zumeist ausweichend. Vor allem die von Führungskräften. So versucht der eine, überhaupt keine Reaktion zu zeigen, hat mühsam gelernt sie zu verstecken und sie perfekt zu überspielen. Der andere wird halt rot und stottert. Wohl allerdings fühlt sich weder er eine noch der andere, schon gar nicht, wenn ein Mitarbeiter oder Kollege, ob bewusst oder unbewusst, auf den wunden Punkt stößt. Daher heißt das dann einsetzende Verhaltensmuster „Angriff“. Dieser Notfall-Mechanismus bedeutet zuerst einmal Blockade, dann Zumachen, und schließlich die Zurückweisung, und zwar jener Person, die uns gerade so getroffen hat. Dann der Gegenangriff. Ganz beliebt bei Führungskräften ist das sofortige „Zurück-Bellen“, zornige Empörung, verbunden mit einer Breitseite auf den Kollegen oder Mitarbeiter (nach „oben“ wird eine solche Reaktion allerdings opportunistisch vermieden): „Ja was glauben Sie denn, wer Sie sind ...“. Das dient einzig und allein dazu, den anderen zuerst mal klein zu kriegen, um die eigene Lage besser sondieren zu können, bevor man den – vermeintlich befreienden – Gegenangriff startet.

Am Ende aber bleiben alle Beteiligten ratlos, unzufrieden, missverstanden – und ohne Elan. Wir hatten eingangs betont, dass die Führungskraft – und nur sie – für die Qualität der Beziehungen, ob zu Mitarbeitern, Kollegen oder stakeholdern, verantwortlich ist. Sie darf sich weder auf ihr Gegenüber herausreden, noch fatalistisch auf den eigenen Charakter, noch auf die eigene emotionale Struktur verweisen mit den Worten: „so bin ich eben“.

Die Führungskraft trägt die Verantwortung für die Beziehungen!

Und sie kann dieser Verantwortung nur dann gerecht werden, wenn sie sich ihrer eigenen emotionalen Muster, ihrer emotionalen Reaktionen auf bestimmte Reize zumindest bewusst ist.
Wir müssen diese emotionale Grundstruktur nicht verändern! Denn in aller Regel lässt sich an den Grundmustern auch nichts mehr verändern. Wir brauchen uns dafür auch nicht beim Psychotherapeuten auf die Couch zu legen. Wie wir später unter „Reflexion“ sehen werden, reicht es völlig aus, diese Muster zu kennen, ihre Herkunft zu ahnen und sich über die Abläufe im Klaren zu sein. Sie erinnern sich: „Without recognizing our own emotions, we will be poor at managing them, and less able to understand them in others“ (Goleman, D., Boyatzis, R., Primal Leadership, 2004, S. 30). Damit ist man zwar nicht „befreit“ davon, aber die emotionale Reaktion ist doch zumindest so weit verstanden und relativiert, dass man eben nicht mehr bedingungslos Gefangener dieser Gefühlsstruktur ist. Nicht mehr passiv von im wahrsten Wortsinne „aufwallenden“ Gefühlen überrollt und bestimmt wird. Darum geht es. Und damit auch im Verhalten als Führungskraft den anderen gegenüber Klarheit, Besonnenheit, Gelassenheit an den Tag legen kann. Damit sind wir wieder beim Sinn und Zweck der Selbstführung: sich selbst zu verstehen, um andere besser zu verstehen, sich selbst zu führen, um andere führen zu können. Und nicht um von den eigenen Emotionen ständig am Gängelband vorgeführt zu werden.

„Vorgeführt zu werden“ ist hier der entscheidende Begriff, und weniger die Emotion selbst. Denn es kann nicht darum gehen, keine Emotionen zu zeigen, die eigenen Gefühle immer wieder zu leugnen, gar beständig zu unterdrücken. Die Führungspraxis, der Führungsalltag kann und darf nicht frei von Emotionen sein. Damit möchte ich partout nicht einer Modeströmung das Wort reden, nach der „Gefühle zeigen" gerade mal wieder „in" ist. Gefühlsäußerungen von Führungskräften sind vielmehr grundlegende Wegweiser für die Mitarbeiter – sofern sie authentisch und kontrolliert abgegeben werden. Sie verdeutlichen Standpunkte und Haltungen, lassen den Mitarbeiter spüren, dass die Führungskraft hinter einem Thema oder einer Person steht. Und zwar mit ihrer ganzen Person daran beteiligt ist. Wie muss der Mitarbeiter eine Krisensitzung empfinden, in der die Vorgesetzten das Wort sofort an den Leiter der Stabsstelle übergeben, der dann monologisiert, in der keiner mal die Stimme erhebt, keiner ein Anzeichen von Erregung zeigt, in der kein einziges lautes Wort fällt, in der zwischendurch nicht mal auf den Tisch geschlagen wird? Relaxed? Cool?

Sicherlich nicht, auch wenn andererseits ein Zuviel an Aufregung der Sache ebenfalls schaden würde. Wie aber sollen die Mitarbeiter den Ernst der Lage erkennen, wie sollen sie spüren, dass auch die Führung sich Sorgen macht, betroffen ist – und trotzdem mit ganzer Kraft nach Lösungen sucht. Eine demonstrative Emotionslosigkeit wird von den Mitarbeitern schnell als Teilnahmslosigkeit interpretiert – „die Führung hat den Kampf ja ohnehin schon aufgegeben". Und im Gegenzug dann wundern und beklagen sich die Führungskräfte – obwohl vielleicht selbst innerlich emotional aufgewühlt, nach außen jedoch keine Regung zeigend – über das mangelnde Engagement ihrer Mitarbeiter. „Erste Reihe fußfrei", so hatte ein Vorgesetzter das vermeintlich passive Verhalten der ersten Führungsebene abfällig beschrieben. Er irrte – die erste Führungsebene hatte das Theater bereits geistig verlassen – vor Langeweile nämlich (Muster siehe oben). Na Danke, so kommen wir nicht weiter. Also Mut, eine gesunde Portion an Gefühlen auch als Führungskraft zu zeigen. Damit wird die Dramatik, die Trauer, der Ernst oder das Glück einer Situation deutlich und lässt die Einbindung und das Commitment einer Führungskraft für die Mitarbeiter auch deutlich hervortreten.

Auch ohne die Dramatik einer Krisensituation, im ganz normalen Unternehmensalltag, will die Führungskraft den Einsatz des gesamten Mitarbeiters. Sie fordern doch auch dessen „volles Engagement", möchten, dass dieser „mit ganzem Herzen" bei der Sache ist. Denn keiner ist auf Dauer glücklich mit einem Mitarbeiter, der gerade mal eben seine Aufgabe erfüllt, ansonsten aber leidenschafts- und lustlos deutlich macht, dass das wahre Leben jenseits der Arbeit liegt. „Mit ganzem Herzen“ also soll der Mitarbeiter sich einbringen – während die Führungskraft auf der anderen Seite alles daran setzt, die emotionale Seite möglichst ganz aus dem Führungsalltag im Unternehmen rauszuhalten. Wie soll das gehen, wie wollen wir denn so den Mitarbeiter erreichen?

Wenn wir wollen, dass der Mitarbeiter mit ganzem Herzen bei der Sache ist, dann müssen wir ihn eben auch mit ganzem Herzen ansprechen,

also Gefühle zeigen. Beileibe nicht nur Mitgefühl. Denn bis hin zum – dosierten – Zornesausbruch vermögen Emotionen Standpunkte zu verdeutlichen, Klarheiten zu schaffen und vor allem das gewünschte Involvement zu erzeugen. Also eine emotionale Einbindung zu schaffen, was mit einer nackten Zielvereinbarung, deren Punkte dann über das Jahr abgehakt werden, kaum zu schaffen ist.

Die Führungskraft darf also nicht nur, sie muss Emotionen zeigen. Sie darf aber niemals den Eindruck vermitteln, Spielball der eigenen Gefühle zu sein – denn dieser Ball wird von den Mitspielern mit Sicherheit auch prompt gespielt! Es muss nicht mit böser Absicht geschehen, wenn der Mitarbeiter eine Provokation in den Ring wirft. Das kann einfach dazu dienen, zu sehen, ob sein Gegenüber, der Chef, denn auch noch Leben in sich hat. Die Führungskraft muss Emotionen zulassen, wenn die Situation eine emotionelle ist und daher diese Art der Äußerung erfordert. Dazu allerdings muss sie sich kennen, muss wissen, wie ihre emotionale Grundstruktur beschaffen ist, wann sie wie auf welche Reize reagiert. Im Wissen um das eigene emotionale Gerüst und dessen Fundamente und Wirkungen wird das Handeln der Führungskraft

ausdrucksstark, aber gelassen, emotional und trotzdem besonnen sein.

Damit haben wir bereits ein Ergebnis einer disziplinierten Selbstführung vor uns und einen ersten wichtigen Schritt auf dem Weg zur authentischen Führungskraft getan. Weder verbirgt noch verbiegt diese ihre Emotionen, sondern lässt sie zu, wenn die Situation dies eben erfordert. Sie erweckt aber bei den Mitarbeitern nie den Eindruck, Spielball ihrer Emotionen zu sein. Wie wir das schaffen, das werden wir später unter „Reflexion“ sehen.

Bleiben wir jedoch zunächst noch beim „Selbst“. Wir hatten gesehen, dass neben der emotionalen Grundstruktur auch die Grundüberzeugungen und die Wertestruktur weitere Kernelemente des Selbst sind. Und damit wesentlich sind für die Selbstführung, die letztlich unsere Wirksamkeit als Führungskraft bestimmt. Um zu sehen, was hier mit den Grundüberzeugungen und der Wertestruktur gemeint ist, lehnen Sie sich doch einfach mal einen Augenblick zurück. Lassen Sie die Reihe all Ihrer Vorgesetzter im Laufe Ihrer Karriere vor Ihren Augen vorbei ziehen. Gab es bei Ihnen auch den „schlimmsten Typus“? Nein, für mich war das nicht der, der am meisten Druck machte, der gnadenlos Tempo und Ergebnisse abforderte. Auch nicht jener, der die Zügel einfach schleifen ließ. Damit konnte man leben, auch wenn letzterer weder „Führung“ noch „Kraft“ zeigte. Nein, die richtig Schlimmen waren die „emotional Unberechenbaren“, auf der Negativ-Skala knapp gefolgt von den „geistig Unbeweglichen“. Und anhand dieser beiden Negativ-Vorbilder will ich aufzeigen, warum ein klares und eindeutiges Verhältnis zu den eigenen Grundüberzeugungen und -werten den Führungserfolg nachhaltig zu beeinflussen vermag.

Beim „emotional Unberechenbaren“ gelingt es uns trotz intensiven Beobachtens nicht, die Fundamente seines Handelns und seiner Argumentation zu finden. Wir laufen bei dieser Führungskraft ständig ins Leere, wir wissen nicht, wie er als nächstes argumentiert. Einem „Seien Sie mit Ihren Mitarbeitern nicht so zimperlich, die klagen doch nur und werden schon nicht gehen“ folgt am nächsten Tag ein „Kümmern Sie sich mehr um Ihre Mitarbeiter, Sie müssen mehr mit denen reden, die laufen uns sonst ja weg“. Seufz, was will der bloß von mir? Oder anders gefragt: was hat er denn für ein Menschenbild, was nimmt er denn an, treibt mich und meine Mitarbeiter? Nimmt er an, die Mitarbeiter seien grundsätzlich faul und reagieren nur auf Geld? Nimmt er an, die Beziehungen im Unternehmen seien rein sachbezogen oder geht er davon aus, dass es auch so etwas wie eine Unternehmenskultur geben könnte? Aber viel grundsätzlicher noch: nimmt er an, dass stets jeder zuerst mal nur an sich selbst denkt? Oder dass ohne Leistung im Grunde keiner was wert ist? All das sind Beispiele für die grundlegenden Annahmen, die Grundüberzeugungen, die ein jeder Mensch mit sich trägt.

Dazu gehören auch alle grundlegenden Annahmen über die Zusammenhänge der Welt (wie z.B. „unser Lebensweg ist vollständig vorherbestimmt" oder „es gibt kein Schicksal, alles ist machbar"), über Wesen und Beschaffenheit des Menschen (wie z.B. „der Mensch ist grundsätzlich schlecht" oder „ohne Druck arbeitet doch keiner"), die wir im Laufe unseres Lebens erlernt haben. Und die wir, ohne uns dessen bewusst zu sein, ständig mit uns tragen. Sie interpretieren das Geschehen um uns herum, unsere Wirklichkeit und sind unerlässliche Navigationshilfen, mit denen wir durchs Leben steuern. Treffenderweise werden daher diese Grundüberzeugungen auch als „mental map" bezeichnet (s. Rock, D., Schwartz, J., 2006). Mit Selbstführung lernen wir nicht nur, welche geistige Landkarte wir haben, wir lernen auch noch, mit ihr richtig umzugehen und sie als Navigationshilfe produktiv zu nutzen.

Doch zurück zum Typus des „emotional Unberechenbaren". Was macht diesen für die Mitarbeiter denn so besonders schlimm? Und warum ist andererseits eine solche Führungskraft zumeist wirkungs-, ja gar erfolglos? Obwohl sie meist in Gestalt des „knochenharten Typs" auftritt? Warum also ist es für den Führungserfolg so wichtig, dass die Mitarbeiter die Grundüberzeugungen ihrer Führungskraft kennen? Nun, schauen Sie doch einfach auf Ihre Erfahrungen der ersten Tage an einem neuen Arbeitsplatz. Womit waren Sie hauptsächlich beschäftigt? Richtig, Sie bemühten sich Orientierungspunkte zu finden, damit Sie sich einen stabilen und verlässlichen Handlungsrahmen aufbauen konnten.

Die Führungskraft, genauer deren Haltung, ist in diesem Findungsprozess der allerwichtigste Orientierungspunkt. Haltung, das sei hier nochmals definiert, als Ausdruck dessen, wofür die Führungskraft in Bezug auf sich selbst und auf die anderen steht. Der Mitarbeiter „scannt" daher pausenlos den Vorgesetzten, er benötigt diese Informationen ja für den Aufbau seines Denk- und Handlungsrahmens. Nach und nach wird dann das permanente Scannen abgelöst durch verfestigte Bilder und Vorstellungen. Ein ganz wichtiger Schritt! Warum? Der Mitarbeiter „rationalisiert" damit seinen Umgang mit dem Vorgesetzten (natürlich auch mit allen anderen im Unternehmen), indem er nicht bei jeder Begegnung auf jede Kleinigkeit achten, jeden Anhaltspunkt bewerten muss, sondern ein gespeichertes Bild des Vorgesetzten abruft und sich entsprechend diesem Bild verhält.

Eine unberechenbare Führungskraft, die aus welchen Gründen auch immer, ihre Haltungen nicht zeigt, macht den Aufbau eines solchen Bildes unmöglich. Sie erzeugt beim Mitarbeiter damit einen pausenlosen Stress, nicht nur durch die täglich oder stündlich wechselnden oder gar anderslautenden Ansichten und Anordnungen. Nein, der Stress rührt her vom riesigen Aufwand an Energie, die der Mitarbeiter einsetzen muss. Für das „Scanning" seines Vorgesetzten, das er nämlich ständig auf Hochtouren laufen haben muss. Statt sich ganz auf die Arbeit zu konzentrieren, muss er seine Aufmerksamkeit zu großen Teilen auf den Vorgesetzten richten: was will er, was meint er, was kommt als nächstes? Der ist ja nicht abschätzbar, und so muss die Produktivität darunter leiden – und zwar beider! Die Führungskraft arbeitet mit einem äußerst geringen Wirkungsgrad, der Mitarbeiter mit einem hohen Stresslevel.

Selbstführung heißt, seine Haltungen nicht nur zu kennen, sondern sich auch zu ihnen zu bekennen.

Den „geistig Unbeweglichen" hatte ich auf Platz zwei der Skala der schlimmsten Führungskräfte gesetzt. Der ist im Gegensatz zum Erstgenannten zwar abschätzbar – aber er signalisiert, dass er auf keinen Fall eine Änderung seiner Ansichten, seiner Überzeugungen, seiner „mental map" in Betracht ziehen wird. Zumeist aus Angst vor Schwäche, vor Leere klammert sich dieser Typus an einmal gespeicherte Überzeugungen. Da kann sich das gesamte Umfeld verändern, das Unternehmen sich völlig umkrempeln, die Entscheidungen immer törichter werden – diese Führungskraft hat das Lernen, die Veränderung aus ihrem Wortschatz gestrichen. Da können Mitarbeiter und Kollegen, gar die Vorgesetzten, noch so argumentieren, da bewegt sich nichts. „Das hat immer schon so gegolten". Der Führungskraft fehlt es an Reflexion und Einsicht in ihre innersten Haltungen. Anstelle der Selbstführung wurde eine Betonwand errichtet – gegen die die Mitarbeiter allerdings nur solange anlaufen, solange noch kein neuer Job gefunden ist. Der „Unbewegliche" scheint zwar auf den ersten Blick ein sehr prinzipientreuer, klar strukturierter Vorgesetzter zu sein, ja mit einem hohen Maß an Abschätzbarkeit sogar sympathische Züge tragen. Aber warten Sie bis ein Veränderungsbedarf aufkommt. Seiner innersten Zusammenhänge nicht bewusst und damit zur Selbstführung auch nicht ansatzweise fähig, klammert sich dieser Typus an seine kleine Welt überholter Ansichten – und muss als Führungskraft schon auf mittlere Sicht scheitern.

Fassen wir also nochmals zusammen: Selbstführung setzt Einsicht in sein Selbst, in seine Haltungen zu sich selbst voraus. „Wie halte ich es mit mir selbst?", „wie ist meine Haltung zu mir selbst, zu meinem Charakter, meiner emotionalen Grundstruktur, meinen Grundüberzeugungen?". Das sind die für Sie wesentlichen Fragen und die Antworten darauf sind Ihre Haltungen. Auch Ihre Haltung als Führungskraft (Sie erinnern sich: „Führung ist eine Frage der Haltung!"). Selbstführung ist eben nichts anderes als die Entwicklung und Pflege dieser Haltungen, sie hält die Persönlichkeit geschmeidig. Es geht bei der Selbstführung also nicht darum, ein anderer zu werden, sondern vielmehr darum, Verbindung mit sich selbst aufzunehmen, Haltung zu entwickeln. Selbstführung gestaltet diese Haltung, zunächst die nach innen, und ist damit die Grundlage für authentische Führung schlechthin. Ohne Selbstführung gibt es weder eine klare Haltung nach innen, noch eine klare, auf der inneren aufbauenden Haltung nach außen. Klingt doch plausibel und nachvollziehbar, oder? Warum aber tun wir uns dann so schwer, diese Erkenntnisse auch umzusetzen, in der praktischen Arbeit an uns selbst? Was hält uns so häufig davon ab, uns selbst zu führen? Davon gleich im nächsten Kapitel.

b. Der steinige Weg zur Haltung – keine Angst vorm Spiegelbild!

„People who think they can be truly great leaders without personal transformation are fooling themselves" (Boyatzis, R., McKee A., 2005, S. 201). Oh ja, das tun wir nun wirklich gerne – uns selbst täuschen, und das mit Leidenschaft! Damit haben wir schon eine erste Barriere auf dem Weg zur Selbstführung identifiziert – die Selbsttäuschung. Gerade Manager sind anfällig dafür, täuschen sie sich doch häufig selbst mit der Rolle und Funktion, die sie im Unternehmen oder in der Verwaltung einnehmen. Gaukeln sich vor, die Rolle „Vorstand" sei schon die Persönlichkeit. Das werden Sie nun gewiss sofort weit von sich weisen: „Aber ich doch nicht!".

Beobachten Sie sich aber doch einmal auf Empfängen, Konferenzen und Besprechungen. Dienstliche Anlässe gewiss – wie häufig jedoch erleben Sie, dass sich Ihnen jemand vorstellt und nicht sofort seine Funktion oder Stellung gleich mitliefert. Meist in Form der vor sich her getragenen Visitenkarte. Sondern der einfach vor Ihnen steht und sagt: „Ich bin Peter Müller". Wie oft haben Sie schon Seminare mit Ihnen fremden Teilnehmern besucht, in denen erst zum Ende Funktion und Unternehmen „enthüllt" wurden? Ich selbst habe das in 25 Jahren Berufspraxis erst einmal erlebt, eine wunderbare Erfahrung! Auf einmal wird man ganz neugierig: was sind das für Leute, was treibt die denn an, um hier mit dabei zu sein, was interessiert sie denn, wenn sie schon so fragen? Die Sensoren werden ganz feinfühlig, man hört aufmerksam hin, sieht genauer – und hat die anderen nicht bereits mit der Nennung der Funktion „Vertriebsleiter" oder „Personalchef" oder „CEO" in eine Kategorie gesteckt, aus der sie kaum mehr auskommen.

Das Gleiche gilt aber gerade auch umgekehrt: die Funktion, vor allem in der Top-Ebene, bietet ausreichend Schattenfläche, um die eigene Persönlichkeit nicht zu sehr beleuchten zu müssen. Damit entfällt oft auch der Anreiz, sich mit seiner Persönlichkeit, seinem Selbst und seinen inneren Haltungen auseinander zu setzen. Im Schutze der Funktion lässt sich gut leben. Aber halt, so werden Sie einwenden, gerade wir Führungskräfte zeichnen uns doch durch ein höheres Maß an Selbstvertrauen, Selbstdisziplin und Selbstwertgefühl aus. Das sei doch geradezu eine Voraussetzung für unseren Job. Wenn man von einer Personengruppe Selbstführung erwarten könne, dann doch wohl von den Führungskräften. Nun, wenn Sie das „könne" durch „sollte" ersetzen, dann bin ich wieder bei Ihnen. Aber ansonsten hatten wir ja über die Defizite im Führungsbereich schon hinreichend gesprochen (Stichwort „viele Manager – wenig Führer").

Bei vielen Führungskräften verhindern das Image als „Macher", ebenso wie das Selbstbild des „Machers", dass sie sich mit sich selbst auseinandersetzen.

Und dafür sogar mal „nichts" tut, loslässt, in sich hinein hört. Das alles passt so gar nicht ins Bild des rastlos tätigen Machers. Und dann gar noch die verborgenen oder unterschwelligen Einflussnahmen eines „Selbst" in die Betrachtung mit einbeziehen? Man hat ja auch nie gelernt, nach innen zu sehen, das Selbst zu spüren. Auch in der Führungsausbildung geht es doch in erster Linie um die „Außenbeziehungen", hin zu den Mitarbeitern, eher selten um die Wege nach innen, zum Selbst.

Der steinige Weg zum Selbst

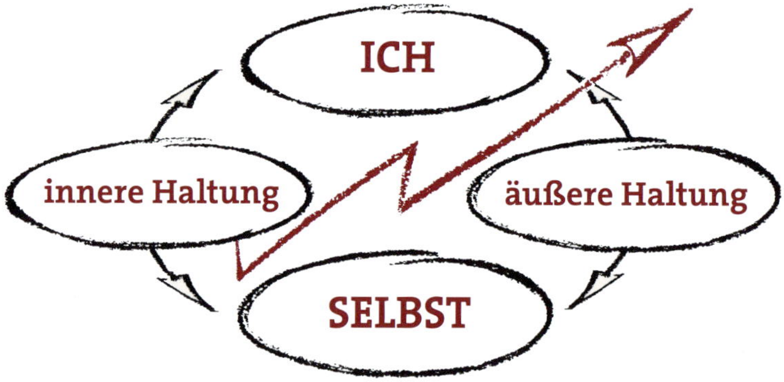

Emotion, Werte, Grundüberzeugungen

Doch damit noch nicht genug, weitere Barrieren stehen im Weg und behindern den Zugang zur Selbstführung. Warum ist Selbstführung denn eigentlich nicht selbstverständlich? Gerade deshalb, so die vielleicht kryptisch erscheinende Antwort. Die meisten Elemente des Selbst (wir erinnern uns: emotionale Grundstruktur, grundlegende Überzeugungen und Annahmen, Werte) zeigen sich uns als „Selbst-Verständlichkeiten". Wann halten wir etwas für selbstverständlich? Wenn wir es als gegeben hinnehmen können, nicht mehr hinterfragen müssen, wenn es einfach „da ist", dazu gehört. Und genau so geht es uns mit unseren Emotionen, unseren grundlegenden Anschauungen und Überzeugungen, unseren Werten. Sie sind einfach da, wir nehmen sie als gegeben, gar als unveränderlich – aber wir merken nicht mehr, dass sie unsere Wahrnehmung bestimmen, unsere gegenwärtige Wirklichkeit interpretieren.

Nehmen Sie als Beispiel eine „unterkühlte" Führungskraft, Typ Buchhalter. Deren emotionale Grundstruktur nicht gerade das volle Programm an Gefühlen aufweist. Diesem „Chef" wird wohl kaum einfallen, mal auf den Tisch zu hauen, vor den Mitarbeitern mal zu jubeln, mal zu trauern. Es wird ihm andererseits aber auch nie einfallen, dass die Mitarbeiter solche Signale brauchen könnten, ja dass mit der Emotion erst Leben in die Abteilung kommen könnte. Das ist schlichtweg außerhalb seiner Wahrnehmung, weil es für ihn eben „selbstverständlich" ist, dass Emotionen im Führungsalltag keine große Rolle spielen. Und weil es für ihn selbstverständlich ist, wird es eben auch nicht in Frage gestellt. Wir können das auf den Punkt bringen:

Die Elemente des Selbst tarnen sich als „Selbst-Verständlichkeit“.

Und weil sie daher für uns die Wirklichkeit sind und bestimmen, sind sie auch so schwer zu entdecken. So wie die Brille, die wir aufhaben: sie bestimmt unsere Seh-Wahrnehmung ganz selbstverständlich und wir denken nicht daran, dass dies eine Hilfe zur Erfassung der Wirklichkeit ist, die uns mit 2 Dioptrien die Welt in aller Schärfe zeigt. Wobei angemerkt sei, dass die Brille – anders als die Elemente des Selbst – die Wirklichkeit natürlich nicht aktiv deutet, sondern "lediglich" passiv im Wahrnehmungsvorgang steht. Es sei denn, die Brille sei rosa .... Dann wirkt sie wie unsere Grundannahmen und –überzeugungen. Und die bestimmen aktiv unsere Wahrnehmung und Deutung der Wirklichkeit, ohne dass wir es merken.

Sind wir überzeugt, „nur harte Arbeit führe zum Erfolg“, dann neigen wir dazu, gegenteilige Erfahrungen nicht mal wahrzunehmen, sie einfach auszublenden. Vielleicht führen ja auch „Beziehungen“ zum Erfolg oder einfach auch nur „Glück“. Aber das wird nicht wahrgenommen, oder wird umgedeutet, da das ja nicht so sein kann. Wir merken im Alltag nicht einmal, dass wir uns ausschließlich auf dieser Grundlage bewegen. Arbeiten daher noch härter. Haben keine Zeit Beziehungen zu knüpfen. „Harte Arbeit ist doch selbstverständlich. Die Welt ist einfach so“, sagen wir uns – und haben damit kaum einen Anreiz, im Alltag diese „Selbstverständlichkeiten“ in Frage zu stellen. Die negativen Folgen lassen sich übrigens in Partnerschaften am besten studieren. Nach der ersten heißen Phase des Verliebtseins bestimmen immer mehr Selbstverständlichkeiten den Alltag und den Umgang miteinander. Nichts mehr wird hinterfragt, nichts mehr entwickelt sich, die Beziehung verödet. Muss aber beileibe nicht so sein! Meine Frau und ich leben nach dem Motto: „Nichts ist selbstverständlich auf dieser Welt!“. Mit dieser Aussage können Sie beginnen, Ihre Welt zu erweitern. Sie werden erstaunt sein, wie vielgestaltig Ihre Umgebung auf einmal wird. Hinterfragen Sie ihre Gedanken! Erspüren Sie, warum Sie in einer bestimmten Situation stets so reagieren. Doch darauf gehen wir im nächsten Kapitel ein.

Nun dringen wir so langsam zum mächtigsten Hindernis vor. Dazu fragen wir uns, *warum* wir uns denn so beharrlich weigern, Selbstverständlichkeiten in Frage zu stellen und damit zu den uns bestimmenden Elementen unseres Selbst vorzudringen und sie besser zu verstehen. Die Antwort ist im Grunde genommen recht einfach und lautet:

Sicherheit. Denkschablonen bieten Sicherheit, alte Verhaltensweisen ebenso. Man lässt der Automatik seinen Lauf, ein Schlüsselreiz genügt und die alte Reiz-Reaktions-Kette wird herunter gespult. „Warum zum Teufel macht denn nicht einer von sich aus mal Vorschläge?". Sie haben in einer Runde mit Ihren Mitarbeitern erneut das Problem aufgezeigt, Sie haben gleich die Richtung mit vorgegeben, drei, vier Lösungsansätze angerissen, herausfordernd in die Runde geschaut – und wundern sich nun über interesselose Gesichter und verschämte Blicke zur Seite. Und schon geht's los: „Können Sie sich denn nicht mal zusammen setzen und ein paar Vorschläge bringen, abgestimmt und ausgearbeitet? Muss ich das immer anstoßen und koordinieren? Geht denn das nicht mal ohne mich?". Blickt doch keiner über den eigenen Tellerrand hinaus, so ihre Schlussfolgerung, nicht zum ersten Male. Und ihre Mitarbeiter ziehen von dannen – um sich wieder ihren Aufgaben zu widmen.

Was ist passiert? Sie wussten im Grunde genommen doch schon vorher, dass genau das wieder passieren würde. Die alte Leier, die lernen's nie. Halt! Wer lernt hier nicht? Wer verharrte denn in den alten Schablonen? Beide natürlich – Sie und Ihre Mitarbeiter! Aber als Vorgesetzter haben Sie die Haupt-Verantwortung für die Beziehungen.

Sie müssen mit der Veränderung beginnen, die Sie wollen.

Warum haben Sie sich denn nicht bewegt? Vielleicht weil's einfach bequemer ist, vielleicht weil's in der Vergangenheit mehrfach erfolgreich war, vielleicht weil dies ganz zu Beginn Ihres Berufslebens eine prägende Erfahrung war. Wie dem auch sei: Ihre Erwartungen – die impliziten nämlich – wurden doch erfüllt, die Mitarbeiter verhielten sich entsprechend Ihres Modells. Das gab Ihnen aber auch Sicherheit – nämlich, dass ihre alten Grundannahmen stimmig sind, dass es also immer Sie selbst sein müssen, der am Ende alles erledigt, ansonsten läuft das ja nicht. Mit dieser von Ihnen so gepflegten Grundüberzeugung „letztlich geht nichts ohne mich" haben Sie das wunderbare Gefühl von Unentbehrlichkeit, von Überlegenheit, vom Gebraucht-Werden – und damit von Sicherheit. Das gibt man nicht so einfach auf, daran hält man fest, auch wenn die Sitzungen dann so ablaufen wie oben geschildert.

Sicherheit also dadurch, dass man sich selbst nicht in Frage stellt. Darum ist sie „a powerful force ... for reproducing the pattern of the past" (Scharmer Otto, San Francisco 2009, S. 128). Deshalb weigern wir uns so beharrlich, unsere impliziten Grundannahmen nicht nur wahrzunehmen, sondern auch zu erkennen. Denn das wiederum würde Veränderung bedeuten, die unsere gewohnten Bahnen erschüttern könnte. Der mächtige Wächter „Sicherheit" steht drohend vor dem Zugang zum Selbst. Selbstführung ist damit kaum möglich – wenn wir ihn nicht herausfordern. Oder anders ausgedrückt:

Sicherheit ist ein legitimer Anspruch – solange wir damit nicht Einsichten und Veränderungen blockieren

Selbsttäuschung, Selbstverständlichkeiten und Sicherheit hatten wir bislang als Barrieren identifiziert. Auch Ängste können den Zugang nach innen verwehren. So ist es häufig bequemer, sich an einem Eigen-Bild zu orientieren, das man im Laufe der Jahre liebevoll von sich gemalt hat und nun groß an der Wand hängt. Ist hübsch anzusehen, hat prächtige Farben und einen todschicken Rahmen – doch bloß nicht abhängen! Was weiß man, was darunter zum Vorschein kommt? Besser, man lässt sich von anderen immer wieder bestätigen, was man ohnehin weiß, anstatt den Blick nach innen zu wagen. Daher auch die verbreitete Furcht vor dem Alleinsein. Nicht einsam sein ist hier gemeint, sondern einfach alleine mit sich selbst sein können. Sich nicht mit anderen zu beschäftigen, sondern mit sich selbst. Sich selbst genüge sein. Aber ständige Verabredungen, eine Aktivität nach der anderen, bloß nie alleine sein mit sich – das sind die besten Mittel, um sich noch eine Barriere gegen die Selbstführung aufzubauen. Wir werden jedoch gleich sehen, dass der Zugang nach innen, zum Selbst, genau das Gegenteil erfordert. Nämlich: Innehalten, Stille, Loslassen und Achtsamkeit.

c. Mit Reflexion den Weg ebnen – vier praktische Schritte!

„Ach Herr je", so werden Sie nun sagen, „das steht ja im krassen Gegensatz zu allem, über das sich ein Manager definiert". Der will ja nicht innehalten, der will vorwärtstreiben. Der will keine Stille, der will den Trubel. Der will nicht loslassen, der will die Zügel in der Hand behalten. Ja, da mögen Sie recht haben – all das mag für den Manager gelten. Wir aber sprechen hier von „Leadership", vom Führer. Der Manager beherrscht das Handwerk, der Führer ist der Künstler, so hatten wir eingangs festgestellt. Und hier wird auch deutlich, weshalb ich von der „Kunst" der Selbstführung spreche. Selbstführung kann man eben nicht mechanisch im Sinne der Handhabung eines Werkzeugs oder eines Instrumentes lernen. Selbstführung hat viel zu tun mit Intuition, Gespür und Gefühl. Ganz wie bei großen Musikern, die eben nicht mechanisch Takt für Takt vom Notenblatt abspielen, bei denen vielmehr die Musik aus ihrem Inneren herausfließt. Kunst bedarf also auch der Intuition, des Gespürs und Gefühls. Oder wie das Albrecht Dürer ausdrückte: „Ach wie oft seh' ich große Kunst und gut Ding im Schlaf, desgleichen mir wachend nit fürkommt" (Dürer, A., Nachlass). Sie sollten das jedoch nicht als ein Plädoyer für das Schlafen am Arbeitsplatz sehen (Ausnahme: Der „Power Nap", den ich für sehr produktiv und intuitionsfördernd halte). Sehr wohl aber als Hinweis, gerade als Führungskraft der Eingebung, dem Gespür und Gefühl den ihnen gebührenden Raum zu geben. In dem dann Selbstführung möglich wird.

Das wichtigste Mittel der Selbstführung ist die Reflexion.

Sie schafft uns einen Zugang nach innen, zum Selbst. Doch dazu bedarf es eines kraftvollen Vorgehens. Bloßes Nachdenken ist dafür zu schwach, reicht nicht aus. Nachdenken, das wissen Sie ja aus eigener Erfahrung, läuft über den Kopf, ist zumeist das analytische Zergliedern und Wälzen von Sachverhalten und Problemen. Strukturiertes Durchdenken. Wichtig für eine klare Meinung, gewiss. Und kommt natürlich der analytischen Veranlagung von Managern entgegen. Kurzer Einschub: haben Sie inzwischen Zeiten für das Nachdenken in Ihrem Kalender reserviert? Einen wöchentlichen Jour-Fixe mit sich selbst? Nein? Nicht mal Zeit für das strukturierte Denken? Und wann wollen Sie sich dann Zeit zum Reflektieren nehmen?

Aber: Nachdenken hat mit Reflektieren nichts zu tun, da bewegt man sich noch ganz im Ich, an der Oberfläche des Bewusstseins, ohne tiefer zu sehen. Goethe lässt den Antonio im Torquato Tasso diese Grenzen sehr klar aufzeigen: „ Es ist wohl angenehm, sich mit sich selbst beschäftigen, wenn es nur so nützlich wäre. Inwendig lernt kein Mensch sein Innerstes erkennen; denn er misst nach eigenem Maß sich bald zu klein und leider oft zu groß" (v. Goethe, J.W., Torquato Tasso, II, 3). Beim reinen Nachdenken hat man nur sein Ich als Maßstab – und dessen Skalierung ist von uns gestaltbar und damit für ein klares Erkennen des Selbst nur bedingt geeignet. Nachdenken ist daher sehr gut geeignet für die Analyse und Lösung von Sachproblemen („warum greift unsere Strategie nicht"), aber kaum für den Dialog mit seinem Selbst, mit dem Erkennen der Grundelemente unseres Selbst.

In dieser Hinsicht greift auch die amerikanische Literatur zu Leadership und Management meist zu kurz. Bleibt nämlich häufig auf der kognitiven Ebene stecken. Warren Bennis geht da immerhin einen Schritt weiter und sieht auch das „processing the feelings", also die Auseinandersetzung mit der eigenen Gefühlswelt, als eine Reflexion an. Um dann aber gleich wieder auf die Denk-Ebene zurückzufallen. Indem er am Beispiel des Reflektierens über Fehler schreibt: "... mistakes contain potent lessons – but only if we think them through calmly, see where we went wrong, mentally revise what we're doing, and then act on the revisions" (Bennis, W., 2003, S. 109). Analysieren, Schlüsse ziehen, handeln – das ist das alte amerikanische Verständnis von Reflexion (Prof. Karner machte mich darauf aufmerksam, dass man dort inzwischen auch langsam ein Verständnis für „see – feel – act" entwickelt, am Beispiel von John Kotter, 2003). Aber ein Großteil der Management-Literatur behandelt das Reflektieren noch immer im Sinne von Nachdenken: und damit reduziert und pragmatisch und so ganz an der Oberfläche treibend. Dabei hätte die amerikanische Sprache doch ein so hervorragendes Wort für das tiefe Nachdenken, das Nachsinnen bereit: to ponder (in dem das Wörtchen pond = Teich enthalten ist), also das auf den Grund des Teiches sehen, den Dingen auf den Grund gehen.

Das ist, was eine Führungskraft auszeichnet, und mit dem sie bei sich selbst beginnen muss. Ich meine daher, dass für die Weiterentwicklung der Führungspersönlichkeit rein kognitive, also nur über den Verstand laufende, Ansätze keinesfalls ausreichend sind. Auch wenn die manchmal im Mantel der Reflexion verkleidet daherkommen: "Consider some of the ways of reflecting: looking back, thinking back, dreaming, journaling, talking it out, watching last week's game, asking for critiques, going on retreats – even telling jokes" (Bennis, W., 2003, S. 107). Denn bei genauem Hinsehen zeigt sich das eher als ein buntes Sammelsurium von Anlässen zum Reflektieren, denn als eine Beschreibung des Prozesses der Reflexion. Aber eben dahin wollen wir ja: verstehen was Reflexion ist, lernen wie man reflektiert, damit dann unsere Selbstführung verbessern, Haltung entwickeln und somit in der Führung authentisch werden.

Bleiben wir aber zum besseren Verständnis noch ganz kurz dabei, was Reflexion nicht ist. Nämlich Meditation, mit der sie oftmals gleichgesetzt wird. Wir werden im nächsten Kapitel die ZEN-Meditation als den Königsweg nach innen, zum Selbst, kennenlernen. Aber so viel schon vorab: in der Meditation wird nicht reflektiert. Im Gegenteil: da geht es darum, das Denken anzuhalten, den Geist zur Ruhe kommen zu lassen. Und nicht darum, innere Dialoge zu führen. In der meditativen Versenkung sollen ja gerade diese unablässigen Selbstgespräche, die wir führen, verstummen. Da wäre ein innerer Dialog geradezu fehl am Platze. Doch das werden wir später noch eingehend erörtern.

Reflexion ist der Dialog, die Kommunikation zwischen dem Ich und dem Selbst. Der Ausdruck Kommunikation verweist darauf, dass der Austausch, die Verständigung weit über verbale Formulierungen hinaus geht. Es ist eben nicht nur ein Selbstgespräch, das haben wir ja schon festgehalten.

Reflexion ist ein in-sich-Hineinspüren, ein in-sich-Hineintasten, intuitives Spüren also.

Dabei werden eben die emotionalen Grundlagen, die Grundannahmen und -einstellungen und die Werte, die das Selbst ausmachen, nicht nur in Worten ausgedrückt. Sie werden vielmehr erspürt, man verweilt bei den Gefühlen, tastet die Grundannahmen ab, versucht dabei ihre Natur und Herkunft zu erfassen, ihre Bedeutung im Augenblick. Intuitives Spüren ist also der Kern der Reflexion.

Nicht nachdenken, sondern nachspüren!

Mit Reflexion Wege ebnen

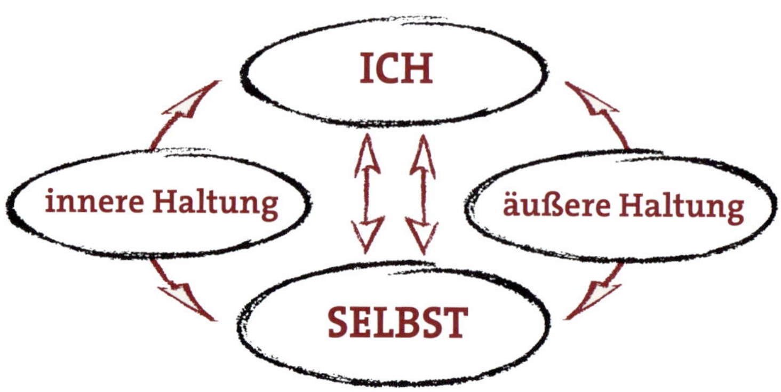

Im Schaubild wird die Herkunft des Wortes „Reflexion" unmittelbar deutlich. Reflexion ist Spiegelung, Wider-Spiegelung. Hier spiegeln sich das Ich im Selbst und das Selbst im Ich. Das ist das Wesen der Reflexion. Und was dabei entsteht ist Haltung, meine Haltung zu den Elementen des Selbst, meine innere und meine äußere Haltung und dabei auch – meine Haltung als Führungskraft!

Meine Frau machte mich auf ein wunderbares Beispiel für den Dialog von Ich und Selbst aufmerksam: In Michael Endes „Die unendliche Geschichte" muss Atréju auf seinem Weg zum Südlichen Orakel durch die drei magischen Tore. Das zweite Tor ist das Zauber Spiegel Tor. Engywuck erklärt ihm die Sache so: „Kurzum: Es handelt sich dabei um einen großen Spiegel ... Jedenfalls, wenn man davorsteht, dann sieht man sich selbst – aber eben nicht wie in einem gewöhnlichen Spiegel, versteht sich. Man sieht nicht sein Äußeres, sondern man sieht sein wahres Wesen, so wie es in Wirklichkeit beschaffen ist. Wer da durch will, der muss – um es mal so auszudrücken – in sich selbst hineingehen." (Ende, M., 2010, S. 94). Man muss sich nicht nur selbst im Spiegel sehen, sondern muss sich auch noch ertragen. Ertragen und sich vorbehaltlos annehmen, mit allen seinen Höhen und Tiefen, Stärken und Schwächen. Schummeln gilt nicht! Deshalb müssen denn auch im Roman so viele, denen das nicht gelingt ... – nein, nicht sterben, sondern wochenlang kuriert werden! Weil „...gerade solche Besucher, die sich für besonders untadelig hielten, schreiend vor dem Ungeheuer geflohen sind, das ihnen im Spiegel entgegengrinste." (Ende, M., 2010, S. 95). Nun, aber soweit wollen wir's nun nicht kommen lassen.

Das Widerspiegeln des Ich im Selbst und umgekehrt – hört sich für Sie möglicherweise, wie gerade eben, ziemlich phantastisch oder esoterisch, im besten Falle gerade noch literarisch oder philosophisch an. Aber andererseits sind Sie auch schon ungeduldig und wollen wissen, wie Sie im praktischen Führungsalltag reflektieren können. Denn Ihr Ziel ist ja nach wie vor die Authentizität als Führungskraft und der Weg dahin über die Selbstführung. Daher wenden wir uns nun dem Prozess der Reflexion zu und fragen: Wie geht das eigentlich? Wie komme ich zu einem besseren Verständnis meines Selbst? Welche Schritte führen mich dahin?

Genau vier Schritte sind es, die uns durch die Reflexion führen. Jeder von ihnen klingt banal und alle zusammen sehen daher auch verführerisch einfach aus. Machen Sie sich jedoch bitte keine Illusionen! Denken Sie an die Barrieren, den steinigen Weg, den wir im vorigen Kapitel besprochen hatten. Dann wird schnell deutlich: es liegen Disziplin und harte Arbeit vor Ihnen. Denn Sie wollen ja vordringen zum Kernbereich Ihrer Persönlichkeit, zu Ihrem Selbst.

Die vier Schritte zur Reflexion sind:

1. Innehalten
2. Stille suchen
3. Loslassen
4. Achtsamkeit.

Beginnen wir mit dem **Innehalten**. Bleiben Sie sitzen, schließen Sie die Augen und denken Sie an nichts .... Und sogleich schießt ein ungeheurer Strom an Gedanken, eine überwältigende Fülle an Bildern und Emotionen durch Ihren Kopf. Genau das ist das Problem. Wie können Sie konzentriert sein, angesichts dieses Gedanken-Wirbels? Wie können Sie diesen unablässigen Strom bändigen? Im ersten Schritt durch Innehalten. Und zwar in einem ganz physischen Sinne. Stehenbleiben, Sitzenbleiben, ganz bewusst. Der Körper sendet damit ein Signal: Stopp, alles steht. Ein Photo in einem Magazin (GEO Mai 2009, S. 122/123) zeigt eine Gruppe von Ärzten in einem OP vor einem bereits narkotisierten Patienten. Die Operation könnte beginnen – die Ärzte jedoch stehen regungslos, die Hände vor dem Bauch, die Augen geschlossen. In einem kleinen Hospital im schweizerischen Engadin hatten die Ärzte die Einführung einer Stopp-Regel vor Operationen beschlossen. Anhalten, Unterbrechung, Sammlung, mit den Gedanken völlig im Hier und Jetzt sein, die ganze Konzentration auf die in diesem Falle auch tatsächlich „vor ihnen liegende Aufgabe". Eine Minute anhalten, zu sich kommen, weder in Gedanken beim letzten Patienten noch schon beim nächsten sein. Sondern hier und jetzt sein. Alleine das senkte die Fehlerquote beträchtlich!

Um wie viel effizienter könnten unsere Sitzungen, unsere Gespräche, sein, würden wir ebenso wie die geschilderten Ärzte innehalten. Damit verhindern, dass wir uns in die Gewalt der ermüdenden Sitzungs- und Gesprächsroutinen begeben. Wo häufig nicht mal Klarheit herrscht über das Ziel der Zusammenkunft. Und die Teilnehmer noch beim letzten oder schon beim nächsten Meeting sind. Oder – eine ganz furchtbare neuere Entwicklung – die ganze Sitzung lang an ihrem Blackberry-Gerät hängen. „Ich kann beides, e-Mail bearbeiten und Zuhören“, sagen sie dann, unübersehbar unkonzentriert. Mit Produktivität hatte das nie etwas zu tun, diese Menschen sind einfach abhängig, undiszipliniert und ineffizient. Schlimm, weil damit alle anderen Sitzungsteilnehmer ebenfalls ihre Ressourcen vergeuden, noch schlimmer, wenn es sich dabei um Führungskräfte handelt, die mit schlechtem Beispiel vorangehen. Ich drücke das deshalb so drastisch aus, weil hier eine ganz neue Dimension der Un-Achtsamkeit droht.

Beim Anhalten geht es um das bewusste Zeichen-Setzen, um das Signal an den eigenen Geist: „Der Lauf der Dinge ist nun unterbrochen, nur das Hier und Jetzt zählt, ich bin bereit und offen“. Das Innehalten kann sein der zwanzig Sekunden Hände-auf-die-Tischplatte-Stopp vor dem Telefonat, dreißig Sekunden regungsloses Stehen vor der wichtigen Verhandlung, eine Minute Stille vor dem Beginn der Sitzung. Aber auch: Zehn Sekunden bewegungsloses Verharren vor dem Essen, starres Sitzen für 20 Sekunden vor dem Drehen des Autoschlüssels. Und so weiter.

Ein klares Signal des Körpers an den Geist, das ist der eigentliche Zweck des Anhaltens: „Jetzt ist die rasch dahinfließende Routine unterbrochen, ich bin nicht mehr bereit, mich länger von der Strömung mittragen zu lassen“. Doch darüber hinaus hat das Anhalten auch einen weiteren Zweck. Die automatischen Gedanken-Reaktions-Ketten lassen sich damit unterbrechen. Willigis Jäger hat dafür den treffenden Ausdruck der „De-Automatisierung des Bewusstseins“ (Jäger, W., Kothes, P.J., 2009, S. 22) gefunden. Otto Scharmer spricht von „stopping downloading“ (Scharmer, O., 2009, S. 128). Beide meinen sie damit, die Automatik in unserem Denken zu unterbrechen (siehe dazu das vorige Kapitel). Und so den ersten Schritt tun, sein Denken zu beherrschen. Automatisches Urteilen, automatisches Sich-Fürchten, automatisches Zornig-Werden gar nicht erst in Gang kommen zu lassen. Pause, nicht gleich denken, nicht gleich reagieren. Einfach Pause. Download stoppen, Automatik anhalten.

Warum ist das „richtige“ Anhalten als Einstieg in die Reflexion so wichtig?

Das Innehalten verschafft einen Zwischenraum,

einen Abstand zum Ich, zu den Inhalten des Bewusstseins. Einen Raum, der uns die Möglichkeit eröffnet, anders zu denken, anders zu handeln. Von uns zurück zu treten, uns anders zu sehen. Das, was wir wahrnehmen, in einer anderen Weise oder vielleicht auch gar nicht zu interpretieren. Oder anders oder vielleicht auch gar nicht zu handeln. Auf jeden Fall nicht automatisch, wie gewohnt, wie immer schon. Das alles mag für Sie im Moment noch nach wenig klingen. Doch wir gewinnen damit jedes Mal ein kleines Stückchen Freiheit. „Zwischen Reiz und Reaktion liegt ein Spalt. Und in diesem Spalt liegt unsere Freiheit zur Wahl und unsere Möglichkeit zur Entwicklung" (Stephen Covey, 2007, S. 58). Sei es, in dem wir uns nicht länger von unseren Gedanken tyrannisieren lassen. Sei es, dass wir nicht länger aufbrausen und beherrscht im Umgang mit anderen sind. Sei es, dass sich – und das ist viel häufiger der Fall als Sie denken – ganz plötzlich völlig neue Perspektiven für eine Problemlösung oder in Bezug auf eine Person ergeben. Raus aus den gewohnten Bahnen – das gilt zunächst mal für das Denken. Für eine Führungskraft sind das nicht unwesentliche Sachverhalte – vor allem wenn sie auf dem Wege zur Authentizität ist.

Nach dem Innehalten dann die **Stille** suchen. Denn: „Das innere Hören bedarf der Stille. Sie wandelt das Hören in Horchen, in Lauschen auf das Innere". (Kirchner, B., 1994, S. 50). Ideal wäre gewiss, hätte man als Refugium die Abgeschiedenheit einer Almhütte an einem klaren Sommermorgen oder die Stille einer Vollmond-Winternacht in den Bergen. Doch das ist eben zu selten der Fall, als dass man davon zehren könnte. Doch wir können die Stille erzeugen, in uns, wenn wir uns für einen Moment, einige Zeit aus dem Fluss des Alltags ausklinken. Dazu brauchen wir unsere ganz persönlichen Bilder der Stille und die Hinwendung nach innen. Die Konzentration auf das Innen lässt uns den Lärm der Welt vergessen, dazu brauchen wir nicht die große Abgeschiedenheit.

Stille suchen heißt vor allem, in uns Stille schaffen,

deshalb ist sie auch das Pendant zum Anhalten.

Nach dem Innehalten und dem Suchen der Stille kommen wir nun zum **Loslassen**. Beim Anhalten hatten wir schon vom Schaffen von

Freiräumen, von Zwischenräumen, vom Abstand zum Ich gesprochen. Mit dem Loslassen verbreitern wir den Abstand, schaffen noch größere Zwischenräume. Sie sehen, Reflektieren ist grundverschieden vom Nachdenken. Dort ist man Mittendrin in seinen Gedanken, beim Reflektieren tritt man zurück von sich und lässt los. Für Führungskräfte und Manager wieder eine der schwersten Übungen. Denn hier soll genau das Gegenteil von dem passieren, über das Sie sich normalerweise definieren. Sie sind gewohnt Probleme anzupacken, Prozesse in der Hand zu behalten, die Zügel sowieso, Mitarbeiter mitzureißen, und nun sollen Sie plötzlich loslassen. Ja richtig, l o s l a s s e n!

Aber was? Und vor allem, was hat das nun mit Führung zu tun? Wiederum sehr viel mehr als Sie auf den ersten Blick denken. Aber zunächst einmal: Loslassen heißt, nicht an seinen Gedanken anhaften, sie einfach an sich vorbei ziehen zu lassen. Sich damit nicht mehr von ihnen führen oder verführen zu lassen. Loslassen ist also nicht Verdrängen, nicht das angespannte und verklemmte Unterdrücken von Gedanken. Sondern das Gegenteil davon, nämlich zulassen, aber nicht festhalten. Etwa so wie die Wolken an einem Berggipfel vorbei ziehen. Das schafft dem Geist die für die Reflexion notwendige Stille – und gibt vor allem Freiräume für Neues und den Blick ins Selbst. Loslassen ist also ein mentales Instrument, mit dem der Gedankenfluss beruhigt und kanalisiert wird. ZEN-Meditation ist ein wirksamer Weg, diszipliniertes Loslassen zu praktizieren und zu trainieren, gehört sogar „zu den Grundvoraussetzungen der Achtsamkeitsmeditation" (Kabat-Zinn, 2008, S. 54). Und über diese Praxis der Meditation werden wir im nächsten Kapitel sprechen.

Wir hatten bislang recht allgemein vom Loslassen der „Gedanken" gesprochen. Was sind jene Gedanken, die hier gemeint sind? Nun, in erster Linie Vorstellungen, Einstellungen, Denkweisen und –bilder, kurz, alles was vor unserem „geistigen Auge" auftaucht, uns leitet und bestimmt. So z.B. Vorstellungen darüber, was in der Vergangenheit zum Erfolg führte, wo ich das Unternehmen in der Zukunft sehe, was mir alles beim Sport passieren kann, was alles einen positiven oder negativen Einfluss auf mich haben könnte. Aber auch die sogenannten „irrationalen Selbstläufer" sind Gedanken.

Denken Sie an Paul Watzlawicks „Geschichte mit dem Hammer", ein Paradebeispiel für die Macht der Gedanken-Bilder: „Ein Mann will ein

Bild aufhängen. Den Nagel hat er, nicht aber den Hammer. Der Nachbar hat einen. Also beschließt unser Mann, hinüberzugehen und ihn auszuborgen. Doch da kommt ihm ein Zweifel: Was, wenn der Nachbar mir den Hammer nicht leihen will? Gestern schon grüßte er mich nur so flüchtig. Vielleicht war er in Eile. Vielleicht hat er die Eile nur vorgeschützt, und er hat was gegen mich. Und was? Ich habe ihm nichts getan; der bildet sich da etwas ein. Wenn jemand von mir ein Werkzeug borgen wollte, ich gäbe es ihm sofort. Und warum er nicht? Wie kann man einem Mitmenschen einen so einfachen Gefallen abschlagen? Leute wie dieser Kerl vergiften einem das Leben. Und dann bildet er sich noch ein, ich sei auf ihn angewiesen. Bloß weil er einen Hammer hat. Jetzt reicht´s mir wirklich. – Und so stürmt er hinüber, läutet, der Nachbar öffnet, doch bevor er „Guten Tag" sagen kann, schreit ihn unser Mann an: „Behalten Sie doch gefälligst Ihren Hammer, Sie Rüpel!" (Watzlawick, P., 1988, S. 37).

Bilder leiten also unser Handeln, auch wenn sie mit der Wirklichkeit nichts zu tun haben und wir uns fragen könnten, wie wirklich denn die Wirklichkeit ist? Alles, was uns ängstigt, was uns freut, ärgert, erregt, bedrückt: Wirklichkeit oder unsere Vorstellung davon? Also nicht der Ärger selbst, sondern die Vorstellung davon, was uns ärgert oder ärgern könnte.

Denken wir nochmals an den griechischen Philosophen Epiktet: „Nicht die Dinge selbst, sondern nur unsere Vorstellungen über die Dinge machen uns glücklich oder unglücklich". Und genau diese Vorstellungen sollen, ja müssen wir loslassen. Um zu unseren Selbst vorzudringen, um uns selbst führen zu können, um authentisch in der Führung zu werden. Denn in letzter Konsequenz heißt Loslassen, auch alle Vorstellungen über die ganze Person, all das, über das man sich gerade als Führungskraft definiert, ebenfalls loszulassen. Oder wie das Sinclair auf den Punkt bringt: „releasing oneself from the need to be someone" (Sinclair, A., 2007, S. 165 / S. 174).

Aber auch schon ohne den Weg über die Authentizität gehen zu müssen, kann das Loslassen im Führungsalltag überraschende Wirkungen zeigen. Als Führungskraft möchten Sie ja liebend gern Ihre Mitarbeiter, Ihre Kollegen, Ihre Stakeholder als Personen „durchschauen", Sie haben sich den Anspruch gesetzt, die „wirklichen" Personen zu kennen, den „echten" Menschen hinter der Rolle. Das ist ja das Ziel Ihrer alltäglichen Bemühungen um die Beurteilung der mit Ihnen verkehrenden Menschen. Was aber machen Sie? Sie bilden sich in den ersten Sekunden eines Zusammentreffens Ihre Meinung, Ihr Bild (Sie hatten im Führungsseminar ja schon die beliebte Aussage von den entscheidenden ersten sieben Sekunden gehört ...) und dieses tragen Sie nun ständig mit sich herum. Das wird kaum je überprüft, noch weniger korrigiert. Der Nebel Ihrer Vorstellungen von dieser Person verhindert, dass Sie durchsehen zum wahren Kern.

Denn im Nebel Ihrer Vorstellungen steckt vermutlich mehr von Ihnen selbst als vom Gegenüber.

Dessen Persönlichkeit können Sie aber, genauso wie bei sich selbst, letztlich nur erspüren. Aber das schaffen Sie im Nebel eben nicht. Da können Sie noch so starr hinschauen, den anderen versuchen zu „durchschauen“, sie werden das nicht schaffen. Es sei denn, Sie verstehen es, loszulassen, und damit Ihrer Intuition den notwendigen Freiraum zu geben, das wahre Wesen Ihres Gegenübers zu erspüren. Und genau so verhält es sich mit dem Durchblick zu Ihrem wahren Wesen, Ihrem Selbst. Erst wenn die Nebel der Vorstellungen, der Gedanken durch das Loslassen sich gehoben haben, wird der Blick klar und unverfälscht auf das Selbst möglich sein.

Das erfordert aber zunächst mal sehr viel Mut, da dürfen Sie sich nichts vormachen. Ängstlich werden Sie sich an Ihre Gedanken und Vorstellungen klammern, denn die haben Sie sich ja hart „erarbeitet“, die sind Ihre Welt, die geben Ihnen Halt und Sicherheit. Und nun loslassen? Fällt man da nicht ins Bodenlose? Steht man da nicht etwa vor dem „Nichts“? Keineswegs, wenn auch die eintretende Leere zuerst ungewohnt und vielleicht auch beängstigend sein mag.

Die Übung des Loslassens von Gedanken und Vorstellungen ist auch eine der Voraussetzungen, sich von Aufgaben zu trennen. Das was Malik eine „systematische Müllabfuhr“ (Malik, F., 2006, S. 359 ff.) nennt, nämlich das regelmäßige Durchforsten der Aufgaben und Funktionen mit dem Ziel der Entsorgung nicht mehr aktueller Aufgaben, setzt ein gerüttelt Maß an Fähigkeit zum Loslassen voraus. Ebenso erfordert das richtige Setzen von Prioritäten ein Loslassen. Nicht mehr an den zweit- und drittrangigen Aufgaben festkleben, sondern weg damit. Nur die wichtigsten Aufgaben bleiben. Machen Sie das konsequent?

Gehen Sie die Prioritätensetzung doch mal vom Standpunkt des Loslassens an:

Nicht das Wichtige festhalten, sondern das weniger Wichtige loslassen!

Viele Führungskräfte haben zwar ein Gespür für die prioritären Aufgaben, sind aber nicht in der Lage, die anderen, weniger wichtigen, loszulassen. Klar, dass damit die 80-Stunden-Woche dann nicht mehr ausreicht.

Und noch aus einem weiteren Gesichtspunkt heraus ist das Loslassen im Alltag der Führungskräfte von Bedeutung. Das Loslassen von alten Denkweisen und Denkstrukturen schafft Raum für Optionen, für Szenarien, kurz für Innovationen im Hinblick auf die Zukunft. Loslassen ist ja nicht nur auf Vergangenheit bezogen, sondern auch auf die Zukunft. Sie werden nun fragen, wie man denn die Zukunft loslassen kann, wenn man sie ja noch gar nicht erlebt hat. Stimmt, aber wiederum ist es nicht die Zukunft selbst, sondern unsere Gedanken und Vorstellungen von der Zukunft. Und da ist die Zukunft doch schon sehr lebendig präsent in Form von Bildern. Und oftmals verfestigen sich diese Bilder so sehr, dass wir annehmen, die Zukunft sei nahezu unveränderlich festgelegt. Auch das wird dann wieder zu einer eigenständigen Vorstellung, die ein Eigenleben führen kann.

Haben Sie bemerkt, wie schwer sich Führungskräfte wie auch Mitarbeiter in der Krise getan haben, neue Szenarien durchzudenken, Optionen zu erfinden, neue Wege zu entdecken. Das lag vor allem daran, weil die Vorstellung von der Zukunft nicht losgelassen werden konnte. „Das kann doch nach der Krise nur wieder genau so verlaufen wie zuvor, das kann sich doch nicht grundsätzlich ändern". Sie kennen solche Aussagen bestimmt. Und auch Ihre Resignation, wenn das Strategie-Projekt mal wieder nichts anderes produzierte als Herkömmliches und Althergebrachtes.

Na klar, man hatte sich nicht von den bestehenden Vorstellungen über die Zukunft trennen können, die Bilder waren damit dominierend – und damit auch keine weiten Szenarien und gänzlich andere Optionen denkbar. Neuere Techniken binden diesen Sachverhalt schon in die kreative Findungs-Phase ein. So berücksichtigt beispielsweise Otto

Scharmers „Theory U“ und sein Modell des „Presencing“ das Loslassen als eine der expliziten Voraussetzungen für die Fähigkeit zur Entwicklung von Vorstellungen über die Zukunft (Scharmer, O., 2009, insbes. S. 38ff. und 119ff). Das gilt für den Einzelnen, vor allem aber auch für Teams und Gruppen.

Doch zurück zum reflektierenden Loslassen. Ich bitte Sie, einen Punkt nicht falsch zu verstehen. Loslassen ist eine mentale Technik, die im Rahmen der ZEN-Meditation praktiziert und geübt wird. Loslassen heißt aber nicht, seine Überzeugungen, seine Prinzipien, seine Standpunkte über Bord zu werfen. Wir hatten im vorigen Kapitel das Unglück der prinzipienlosen Führungskraft (Unglück für die Mitarbeiter natürlich) geschildert, das also kann hier nicht gemeint sein. Aber auf dem Weg zur Authentizität müssen wir unsere Vorstellungen loslassen können, um im Wissen um unser Selbst umso gefestigter in unseren Überzeugungen sein zu können. „As mindful leaders, we in fact have the courage of our convictions, and because of that, we can let go of our fear and hesitation and pettiness and freely engage our workplace challenges“ (Carroll, M., 2007, S. 89).

Mit dem Innehalten, der Stille und dem Loslassen haben wir die Fundamente der Reflexion nun schon gelegt. Gleichzeitig haben wir die Reflexion vom Nachdenken abgegrenzt. Wie Sie nun gesehen haben, hat Reflexion eine völlig andere Qualität. Denn „Nachdenken gehört zum Alltagsbewusstsein, während Verweilen, Beobachten und Hinspüren Merkmale eines anderen Bewusstseinszustandes sind“ (Dietz, I. und Th., 2008, S. 54). Und genau hier kommt nun die **Achtsamkeit** ins Spiel. Nicht so wie wir sie als Kinder kennenlernten, im Sinne des „sei achtsam“ oder „pass auf“. Nein, Achtsamkeit ist einerseits ein extrem sensitiver Bewusstseinszustand, andererseits eine Lebenseinstellung. Als Bewusstseinszustand ist Achtsamkeit ganz auf den gegenwärtigen Augenblick bezogen, Ist die bewusste Wahrnehmung des Augenblicks ohne zu bewerten. Gewissermaßen ungefiltert also. Gänzlich ungetrübte Wahrnehmung des Moments, ohne die Nebel von Definitionen, Vorurteilen, Vorstellungen und Emotionen. Nur ohne diese Nebel, im Zustand höchster Achtsamkeit, können wir sowohl den Kern des eigenen Selbst als auch den der anderen wahrnehmen. Da reicht schon eine Sekunde und alles ist bereits wahrgenommen. Daher auch die große Bedeutung des Moments im Hier und Jetzt. Denn: „Der gegenwärtige Augenblick, das Jetzt, ist der einzige Augenblick, in dem wir wirklich leben. Vergangenes ist vorüber, Zukünftiges noch nicht geschehen. Nur die Gegenwart steht uns zum Leben zur Verfügung." (Kabat-Zinn, J., 2008, S. 43). Achtsamkeit heißt, den Geist ganz auf den Augenblick auszurichten. „Being synchronized" sagt die amerikanische Literatur zur Achtsamkeit in Führung (s. u.a. Carroll, M., 2007, S. 147 ff.,), eins sein mit dem Moment und allem, was darin enthalten ist. Nicht schon in der Zukunft sein, aber auch nicht mehr in der Vergangenheit.

Selbstachtsamkeit, im amerikanischen „self-awareness", bezieht sich auf die Achtsamkeit im Hinblick auf die eigenen inneren Vorgänge. Dazu zählt vor allem die Selbstwahrnehmung. „Self-observation – noticing our thoughts, emotions, and impulses as they arise, thinking about their origin – is the key practice in mindfulness." (Silsbee, D. K., 2004, S. 28).

Achtsamkeit trainiert den Geist, die inneren Vorgänge wahrzunehmen.

Und damit vor allem, sich selbst zuhören zu können. Denn wenn wir schon uns selbst nicht zuhören können, wie sollen wir dann anderen zuhören können? Wenn wir uns selbst nicht richtig wahrnehmen können, wie sollen wir dann andere richtig erkennen? Aus Ihrer eigenen Lebenserfahrung werden Sie wissen: es sind nie die lauten Töne, die uns zeigen, wie eine Person „wirklich" ist. Es sind die „leisen" Äußerungen, die uns den wahren Kern unseres Gegenübers zeigen: die marginale Veränderung des Tonfalls im Gespräch, das leichte Zucken der Gesichtsmuskulatur, die kaum merkliche Versteifung des Körpers. Und genauso leise spricht unser Selbst zu uns: das unbehagliches Ziehen im Bauch, das nervöse Wippen mit den Füssen, die kurz aufflackernde Wärme in der Brust. Deshalb ist Achtsamkeit geboten. Und deshalb gehört zu unserer Reflexion eben auch die Achtsamkeit uns selbst gegenüber.

Achtsamkeit beginnt zwar mit der Konzentration auf den Augenblick. Aber das ist erst der Beginn. Die bewusste Erfassung des Augenblicks muss immer weiter ausgedehnt werden, bis sie als Lebenshaltung zur Selbstverständlichkeit wird. Die achtsame Führungskraft ist die authentische Führungskraft und umgekehrt.

Wir werden im weiteren Verlauf die Haltung der Achtsamkeit als die zentrale Haltung einer authentischen Führungskraft kennenlernen.

Daher will ich hier keine weiteren Betrachtungen zur Achtsamkeit anstellen. Stattdessen hier am Ende des Kapitels noch kurz über die Reflexion reflektieren. Keine Angst, das ist nun kein wildes Philosophieren, sondern ich stelle einfach nochmals die Verbindung zu Ihrer Führungstätigkeit, zu Ihrem Alltag als Führungskraft her. Ausgegangen waren wir vom Zugang zum Selbst als Teil der Selbstführung. Wir hatten sodann die verschiedenen Mittel und Stufen der Reflexion kennengelernt. Bei einigen von Ihnen nagt möglicherweise noch immer die Frage: „was bringt mir das alles denn eigentlich?“. Anderen dagegen stellt sich vielleicht schon die Frage: „und wie gehe ich das in der Praxis an?“.

Bringen wir die Antwort auf die erste Frage auf den Punkt: Sie wollen die Wirksamkeit Ihrer Führungstätigkeit erhöhen, ansonsten hätten Sie dieses Buch ja nicht gekauft. Sie dachten, Sie müssen anders werden, authentisch eben. Aber die Botschaft hier ist das Gegenteil:

Sie müssen nicht anders werden, Sie müssen nur Sie selbst sein.

Nicht werden, sondern sein. Sie müssen sich selbst kennen – in-und auswendig. Dazu hatten wir Wege aufgezeigt, die Sie gehen können. Keine Technik, wie Sie sie üblicherweise aus einer Führungs- oder Persönlichkeits-Fortbildung mitbringen. Einen Weg nach innen, zum Selbst und diesen Weg hatten wir als Selbstführung beschrieben. Wenn Sie sich selbst führen können, dann brauchen Sie sich über die Wirksamkeit Ihrer Führung im Unternehmen keine Gedanken mehr zu machen. Sie handeln aus sich selbst heraus, aus Ihrer Mitte heraus – kraftvoll und wirksam.

„Wie gehe ich das nun in der Praxis an?“, war Ihre andere Frage. Nun, dazu werden wir uns im nächsten Kapitel der ZEN-Meditation als einen der am besten geeigneten Wege nach innen, zum Selbst, zuwenden.

d. ZEN-Meditation als Königsweg – Sitzen wirkt!

Führung als Haltung, die ihrerseits aus der Reflexion, aus der Selbstführung entsteht – das waren unsere bisherigen Stationen auf dem Weg zur authentischen Führungskraft. Dabei wurde unser Blick mehr und mehr nach innen, in uns selbst hinein gelenkt. Innehalten, Stille,

Loslassen und Achtsamkeit waren die Schritte, die uns helfen sollen, den klaren Blick in unsere Innenwelt zu richten. Uns mit uns selbst auseinanderzusetzen, das „Ich“ im „Selbst“ widerzuspiegeln.

Diese Blickrichtung nach innen war von Anbeginn der Fokus der fernöstlichen Religionen und Weisheitslehren. „Im Kern ist ZEN die Kunst, in die Natur seines wahren Selbst zu blicken“ (Suzuki, 1976, zit. in Linder-Hofmann, B., Zink, M., 2002, S. 72). Weshalb denn auch der fernöstliche „Weg der Achtsamkeit“ des ZEN genau an dieser Stelle unseren Weg zur authentischen Führung kreuzt. Denn: „...ZEN ist eine 2500 Jahre alte Trainingsform, die seit jeher im Kontext von Führung und Elite steht.“ (Polenski, H., 2010, S. 12)

ZEN – Meditation als Königsweg

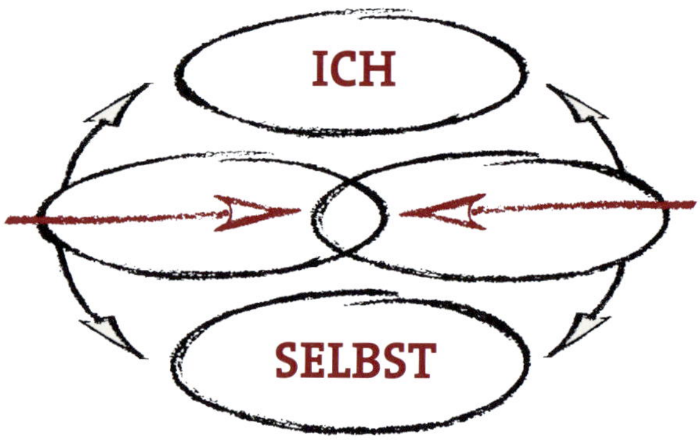

ZEN entspringt dem Buddhismus, hat sich jedoch im Laufe der Geschichte davon gelöst und kann daher eher als eine Weltanschauung, eine Philosophie, eine Bewusstseinsschulung, eine Praxis der Lebensgestaltung betrachtet werden (als Religion ist ZEN im ZEN-Buddhismus aber nach wie vor verankert). Die Geschichte des ZEN begann nach der Überlieferung im alten Indien, als Shakyamuni Buddha (563 – 483 v.Chr.) vor einer großen Schülerschar auf dem Geierberg sprach. Von dort gelangte es durch Bodhidharma nach Südchina, wo es sich in der Begegnung mit dem Taoismus und dem Konfuzianismus von der Religion nach und nach löste.

Es entstanden verschiedene Schulen, wie z.B. im 9. Jahrhundert die Richtung des Rinzai-ZEN, die bis heute eine eigenständige Schule innerhalb des ZEN bildet (die nachfolgenden Ausführungen zur Geschichte des ZEN und der Samurai bauen auf Linder-Hofmann, B., Zink,

M., 2002, S. 76 f. und S. 87 ff.; ein ausgezeichnetes Büchlein über „ZEN im Management"). Im 12. und 13. Jahrhundert schließlich gelangte ZEN nach Japan, wo es über viele Jahrhunderte hinweg eine erneute Blütezeit erlebte. Vor allem, weil die Samurai, die Klasse der Krieger, das ZEN für sich entdeckten. Und in den Wirren der Machtkämpfe und den blutigen Schlachten des ausgehenden Mittelalters daraus Ihren überlebenswichtigen Vorteil zogen.

Denn die Kampfeskünste der Samurai bauten auf drei Säulen. Die erste Säule bildete die Technik und die Fertigkeiten im Umgang mit den Waffen. Das Schwert vollkommen zu führen, bedeutete ein lebenslanges und andauerndes Training. Die zweite Säule sind die Energie, Kraft und die Konzentration. Im direkten Kampf mussten sämtliche Energien zielsicher auf den Punkt gebracht werden. Der Krieger durfte weder halbherzig noch unentschlossen handeln. Vor allem nicht durch eigene Gedanken abgelenkt sein. Die dritte Säule ist die tragende Säule: das Bewusstsein, die Intuition, die Achtsamkeit. Oder auf einen Nenner gebracht: die Haltung. Diese bestimmt den Ausgang des Kampfes. Mit dem Herzen bei der Sache sein und der Wille zu siegen.

Sie sehen damit auch sofort die Parallelen zu Ihrer Führungstätigkeit: Technik und Fertigkeiten finden wir in den Planungs- und Steuerungstools, in den Verfahren der Unternehmens- wie auch der Mitarbeiterbewertung, in den Techniken der Verhandlungsführung. Das alles muss nicht nur vorhanden sein, sondern sollte auch wie selbstverständlich angewandt werden. Kraft und Konzentration benötigen wir eigentlich den ganzen Tag, doch woher nehmen? Aus dem Wochenende, aus dem Urlaub, aus der Familie? Und reicht dann vielfach doch nicht aus, wie wir an den Klagen über Unkonzentriertheit und dem Auftreten des Burnout heute so häufig hören. Unentschlossenes Handeln, abgelenkte Gespräche und halbherzige commitments kennen wir doch auch zur Genüge. Nur: Was unternehmen wir dagegen?
Und dann noch die Haltung. Wir hatten gesehen, dass Führung heute viel zu häufig mit Visionen, Strukturen, Hierarchien und Motivation in Verbindung gebracht wird. Aber noch viel zu selten als Haltung betrachtet wird. Wie ich das in diesem Buch tue, gar einfordere. Um es nochmals zu betonen:

Es ist die Haltung, die den Ausgang des Kampfes bestimmt.
Es ist die Haltung, die die Führungskraft ausmacht.

Als theoretisches Rüstzeug und praktische Übungen für das Elite-Training, zunächst der Samurai, dann der Verwaltungs- und schließlich der Wirtschaftselite hielt sich ZEN in Japan bis in unsere Tage. Noch bis in die 80er Jahre war ZEN-Meditation ein selbstverständlicher Bestandteil des Tagesablaufes der japanischen Unternehmensführer.

ZEN ist der Weg der unmittelbaren Erfahrung.

Er zielt durch diese unmittelbare Erfahrung auf die unmittelbare Wirklichkeit. Das klingt kompliziert, ist es im Grunde aber nicht. Denn es heißt zunächst nichts anderes, als dass Nachdenken eben nicht ausreicht. Vielmehr ist es auch eine Angelegenheit des Spürens, des Horchens, des intuitiven Erfassens, des Gefühls, des Körpers. Im Grunde nichts anderes, als wenn Sie in Ihrem Urlaub an einem klaren Sommermorgen unter stahlblauem Himmel nach mehrstündigem Aufstieg den Berggipfel erreicht haben. Und dort von einem überwältigenden Panorama umgeben in der Stille die Weite der Welt einatmen. In so einem Augenblick haben Sie am ehesten vielleicht schon das intuitive ganzheitliche Erfassen und Aufgehen im Moment und in der Landschaft erlebt. Und mit allen Sinnen den Moment erfasst. Ohne weitere Gedanken, die dieses unverfälschte Spüren schon wieder verdecken würden. Das in etwa ist mit unmittelbarer Erfahrung gemeint.

In unseren Betrachtungen zur Reflexion hatten wir schon über diese Zugangswege jenseits des Denkens gesprochen. Für ZEN sind sie essentielle Bestandteile der Erfahrung. Damit diese unmittelbare Erfahrung möglich wird, muss der Geist geleert werden. Nein, denken Sie nun nicht gleich an das „Nichts" oder gar an ein „Vakuum". Im ZEN ist „Leere" etwas völlig anderes als „Nichts". „Die Leere ist ein Zustand, in dem der innere geistige Druck völlig aufgelöst ist ... Das heißt, das der Geist in einem ausgewogenen Zustand ist" (Sekida, K., 1993, S. 38). Die Abwesenheit von Gedanken als ein Ziel, im Grunde genommen als das Ziel. Und was das nun wieder mit Führung zu tun hat, werden Sie fragen? Denken Sie an unsere Betrachtungen zur Reflexion. Innehalten, Stille, Loslassen und Achtsamkeit waren die Grundschritte. Und genau dieselben Schritte ermöglichen eben auch die unmittelbare Erfahrung – nämlich von uns selbst. Nicht die Erfahrung eines Bildes von uns selbst, sondern unser Selbst, unverstellt und unmittelbar. Dazu brauchen wir eben zunächst einmal die „Leere". Wie kommen wir nun dahin?

ZEN heißt der Wortbedeutung nach „Versenkung“ oder „Zustand meditativer Versenkung“ (Rümke, H., 2008, S. 32), aber auch „Sammlung des Geistes“. Die Konzentration auf den gegenwärtigen Moment, nicht abgelenkt durch Gedanken an Anderes, weder an das Davor noch an das Danach. Sammlung des Geistes heißt nichts anderes als Training des Geistes.

Im ZEN trainieren wir unseren Geist in Achtsamkeit mit dem Ziel des Lebens in Achtsamkeit.

Damit haben wir bereits eine der fünf Grundhaltungen einer authentischen Führungskraft benannt. Die werden wir uns im nächsten Abschnitt noch genauer ansehen. Doch hier an dieser Stelle gehen wir weiter mit der oben bereits gestellten Frage: „Wie können wir unsere Gedanken davon abhalten, ständig umherzuschweifen? ... Die Antwort ist, dass wir das nicht allein mit unserem Gehirn fertigbringen können; das Gehirn kann, auf sich allein gestellt, seine Gedanken nicht unter Kontrolle halten. Die Kraft, um die Tätigkeit unseres Geistes unter Kontrolle zu halten, liefert uns der Körper, und ob wir sie einsetzen können, hängt entscheidend von unserer Haltung und unserer Atemtechnik ab“ (Sekida, K., 1993, S. 32).

Haltung und Atem – das führt uns direkt zur wichtigsten Übung des ZEN, zum ZAZEN, der Sitz-Meditation. Nun spätestens – Sie sind ja nach wie vor am Thema Führung interessiert – wäre wohl der Ausruf fällig: „Ach Du liebe Güte, mit Sitzen soll ich meine Führungsarbeit verbessern können?“. Darauf von meiner Seite ein unbedingtes und uneingeschränktes JA! Ich gehe sogar noch einen Schritt weiter und wage die These:

„Sitzen verbessert die Wirksamkeit der Führung“.

Natürlich nicht das Aussitzen, das sich als Mittel der Problemlösung einer gewissen Beliebtheit erfreut. Sondern das Sitzen in Versenkung und Stille, die ZEN-Sitz-Meditation.

„Alle meditative Praxis erfordert ... die rechte Haltung, den rechten Atem und die rechte Spannung“ (Dürckheim, K. Graf, 2009a, S. 87). Man sitzt also keineswegs, um sich zu entspannen, darf andererseits auch nicht in die Verspannung fallen. Man sitzt mit einer „gespannten Gelöstheit“ (Dürckheim, K. Graf, 2009b, S. 135), aufrecht und doch locker (eigentlich so, wie wir uns die Haltung einer Führungskraft wünschen). Und konzentriert sich auf den Atem. Einatmen, ausatmen, in den Bauch und aus dem Bauch, und das bei einer vollkommenen körperlichen Unbeweglichkeit. Dazu kommen, den Atem fließen zu lassen, die aufkommenden Gedanken nicht zu verdrängen, sondern vorbeiziehen zu lassen wie die Wolken am Himmel.

Doch nun noch mehr darüber zu schreiben oder aus Ihrer Sicht zu lesen, wäre dasselbe wie im Restaurant nur über die Speisekarte zu sprechen. Kosten Sie das Gericht!, kann man da nur rufen. Auch die Sitz-Meditation. Sie erschließt sich nur in der eigenen Erfahrung. Probieren sie es aus – aber am besten unter Anleitung eines erfahrenen ZEN-Lehrers. Regelmäßiges meditieren, das darf ich Ihnen aus eigener Anschauung verraten, geht einher mit einer deutlich erhöhten Lebensqualität: Konzentriertheit, Gelassenheit, Stressabbau, verbesserter Umgang mit der Intuition, höheres Energieniveau und einen Blick für das Wesentliche. Und dazu zählt vor allem ein verbessertes Verständnis seiner Selbst, ein klarer Blick auf die Eigenheiten, auf Stärken und Schwächen des Selbst. Und das ist ja unser Ziel auf dem Weg zur authentischen Führungskraft!

Damit haben wir einige der „Folgewirkungen“ aufgezeigt, die auftreten können. Doch Achtung! Damit hier keine Missverständnisse auftreten. Zum einen ist es nicht damit getan, täglich eine halbe Stunde oder gar eine Stunde zu sitzen. Das ist zwar eine unerlässliche Voraussetzung. Wird die darin geübte Praxis der Achtsamkeit dann nicht in den Tag mitgenommen, so wird die Übung bald umsonst sein. Denn die ZEN-Meditation ist eine Übung in Achtsamkeit, die uns als Haltung der Achtsamkeit zu einer Lebenseinstellung, zu einer Geisteshaltung werden soll. Nur dann wird ZEN zu einer Haltung, und kann zur Haltung in der Führung beitragen.

Ein anderes Missverständnis könnte darin liegen, mit ZEN oder mit der ZEN-Meditation etwas zwanghaft erreichen zu wollen. Ich sitze, um mich zu entspannen, ich sitze, um nachher stärker oder klarer zu sein, ich sitze, um meine Intuition zu stärken. Nein, das wäre der völlig falsche Ansatz! „Man kann auch im Sitzen anhaften. Gieriges ZAZEN bleibt wirkungslos“ (Suzuki, 2000, zit. Linder-Hofmann, B., Zink, M., 2002, S. 137). Der Druck, etwas erreichen zu wollen, auch nur der

Gedanke, nun endlich loslassen zu wollen oder zu müssen, verhindert im meditativen Sitzen, dass wir uns leeren, uns frei von Gedanken machen können. Meditation ist im Grunde genommen absichtslos. „Der beste Weg, um in der Meditation Ziele zu erreichen, ist, diese loszulassen" (Kabat-Zinn, J., 2008, S. 52). Klingt widersprüchlich und kompliziert? Eigentlich nicht:

„Wenn ich sitze, dann sitze ich.
Wenn ich esse, dann esse ich.
Und wenn ich gehe, dann gehe ich",

so ein ZEN-Meister in der Überlieferung. Wenn Sie sich beim Meditieren auf ein Ziel konzentrieren, dann sitzen Sie nicht im Augenblick, kann Ihr Geist nicht zur Ruhe kommen.

Ganz wesentlich ist also: „Try not to achieve anything special. You already have everything in your own pure quality" (Shunryu Suzuki Roshi, zit. in Carroll, M., 2007, S. 57). Auf Ihre Situation als Führungskraft auf dem Weg zur Authentizität angewandt hieße das: "...as mindful leaders, we are not interested in improving ourselves or becoming happier; rather we are interested in *being who we already are*." (Carroll, M., 2007, S. 56; kursiv durch den Verfasser). Genau aus diesem Grund sehe ich die ZEN-Meditation als den Königsweg nach innen. Mit absichtsloser Achtsamkeit sehen wir mit klarem Blick nach innen, erkennen unser Selbst und unsere Potentiale. Und sind in der Lage, auf dieser Grundlage aus uns selbst heraus, aus unserer Mitte heraus, als Führungskraft authentisch zu handeln.

Mit der provokanten These, „dass Sitzen die Wirksamkeit der Führung verbessere" hatten wir das nun zu Ende gehende Kapitel eingeleitet. Versuchen wir das nun in den größeren Zusammenhang zu stellen. Dann finden wir als Wirkungskette: ZEN-Sitz-Meditation ist eine wesentliche Übung zum Blick nach Innen und damit zur Reflexion. Diese hatten wir als unabdingbar für die Selbstführung gesehen. Selbstführung wiederum bringt Haltung hervor und wahre Führung ist eben eine Frage der Haltung. Der authentische Führer lebt Führung als Haltung und Führung mit Haltung erwächst aus der Authentizität. Und damit sind wir bei den fünf Grundhaltungen einer authentischen Führungskraft angelangt.

Zeit zum Reifen

Kapitel V

Mit Haltung authentisch führen – manchmal geht's auch andersrum!

1. Mit Haltung endlich authentisch sein!

Die innere Haltung der Führungskraft entwickelt sich aus der Reflexion, dem inneren Gespräch zwischen dem „Ich" und dem „Selbst". Sie zeigt, wie ich zu mir selbst, zu den Grundelementen meines Selbst, stehe. Die äußere Haltung dagegen zeigt, wie ich zur Umwelt, zu den Menschen, stehe. Wie wir gesehen haben, können innere und äußere Haltung auseinander fallen. Oft bei Führungskräften, die sich selbst nicht gut genug kennen, die nicht reflektieren. Authentisches Handeln, also Handeln aus uns selbst heraus, aus unsere Mitte heraus, findet dann statt, wenn die äußere Haltung nicht mehr von der inneren Haltung abweicht. Wenn es uns also gelungen ist, vor allem durch Achtsamkeit und Reflexion beide Haltungen so weit gemeinsam zu entwickeln und zueinander hin zu verschieben, dass man am Ende von einer Deckungsgleichheit der äußeren und inneren Haltung sprechen kann.

Authentisch sein

Dann verbindet die innere Haltung nicht nur das „Ich“ und das „Selbst“. Wir haben so auch eine Einheit zwischen der inneren Haltung und der äußeren hergestellt. Die Führungskraft ruht in sich selbst, handelt klar und aus sich selbst heraus und ist damit authentisch. Und ist so in der Lage, wirksam zu handeln. Diese Sichtweise spiegelt sich auch in der neueren amerikanischen Management-Literatur. So wird von den beiden Managementforschern Avolio und Luthans als ein wesentliches Persönlichkeitsmerkmal von „High Impact Leadern“ die „...authenticity of being true and aware of one's self and to others.“ (Avolio, B., Luthans, F., 2006, S. 2) aufgeführt. Also sich selbst gegenüber ehrlich und bewusst zu sein, genauso wie den anderen gegenüber. Doch wir wollen konkreter werden, Sie wollen ja schließlich diese Gedanken und Überlegungen zu sich in den Führungsalltag übertragen.
Welche Bestandteile sind es denn nun, die die Führungskraft zu einer authentischen Persönlichkeit machen? Die in Ihren Worten und Taten konsistent ist, die deshalb von den Mitarbeitern als „wahr“ und „echt“ empfunden wird. Aus allen bisher in diesem Buch gemachten Überlegungen lassen sich fünf Grundhaltungen herausdestillieren, über die eine Führungskraft verfügen muss.

Achtsamkeit
Ich kann meinen Mitarbeitern, Kollegen und allen Menschen nur zuhören, wenn ich auch zu mir selbst achtsam bin, mich selbst hören kann (Kapitel 2, Achtsamkeit und Zuhören)

Respekt
Ich kann meinen Mitarbeitern, Kollegen und allen Menschen nur dann echte Wertschätzung, also Respekt, entgegenbringen, wenn ich um meinen eigenen Wert weiß, wenn ich Selbstwert habe (Kapitel 3, Selbstwert und Wertschätzung)

Vertrauen
Ich kann meinen Mitarbeitern, Kollegen und allen Menschen nur dann Vertrauen entgegenbringen, wenn ich mir selbst, meinem Selbst vertraue, also Selbstvertrauen habe (Kapitel 4, Selbstvertrauen und Vertrauen)

Disziplin
Ich kann meinen Mitarbeitern, Kollegen und allen Menschen gegenüber nur dann Konsequenz und Disziplin zeigen und fordern, wenn ich

mich selbst zu disziplinieren, selbst zu führen in der Lage bin (Kapitel 5, Selbstdisziplin und Konsequenz)

Sinn
Ich kann meinen Mitarbeitern, Kollegen und allen Menschen gegenüber nur dann sinn-vermittelnd (sinn-stiftend, sinn-gebend) tätig sein, wenn ich „Sinn" bereits in mir selbst gefunden habe (Kapitel 6, Sinnfindung und Sinngebung).

Sie sehen, jede dieser Haltungen hat eine Entsprechung nach innen und nach außen. Die äußere wird allerdings durch die innere bestimmt. Oder wie das im ZEN heißt: „Die Haltung der äußeren Form ist der Ausdruck der inneren Form" (Hinnerk Polenski).

Nun wird auch deutlich, weshalb wir von Anfang an Führung mit Haltung verbunden, Führung als eine Frage der Haltung bezeichnet haben. Die innere Bereitschaft, führen zu wollen, reicht alleine nicht aus. Da müssen schon noch weitere Grundlagen hinzukommen. Da Sie sich in unserer Perspektive der Führung in erster Linie mit der Gestaltung von Beziehungen beschäftigen, müssen Sie sich über ihre Haltung zu den wesentlichen Eigenschaften der Beziehungen zwischen Menschen im Klaren sein. Ihre Haltung also zur Frage der Wertschätzung, des Vertrauens, der Konsequenz, des Sinns. Denn diese Elemente sind die Grundbestandteile jeder Beziehung. Wie wollen Sie Beziehungen zwischen den Mitarbeitern Ihres Unternehmens gestalten, wenn Sie sich schon über diese Grundelemente nicht im Klaren sind? Wenn Sie nicht mal wissen, wie Sie selbst dazu stehen? Daher werden wir nun auf jede dieser Haltungen eingehen, uns fragen, wie sich diese Haltung im „Innen" zeigt und wie Sie diese Haltungen dann auch in Ihrem Führungsalltag, mit Ihren Mitarbeitern, Kollegen und all den Stakeholdern in Ihrem Unternehmen pflegen und entwickeln können.

2. Durch Achtsamkeit klaren Blick erhalten und Zuhören lernen!

Die Achtsamkeit hatten wir schon bei unseren Betrachtungen zur Reflexion kennengelernt. Doch das ist nicht ganz der Grund, weshalb wir den Einstieg in die Grundhaltungen der authentischen Führungskraft mit der Achtsamkeit beginnen. Achtsamkeit, so hatten wir an früherer

Stelle gesagt, ist sowohl eine Bewusstseinshaltung als auch eine Lebenseinstellung. Eine Haltung eben – und doch mehr. Denn:

Achtsamkeit ist auch die grundlegende Voraussetzung für die Herausbildung der anderen Grundhaltungen der authentischen Führungskraft.

Ohne Achtsamkeit keine Einblicke in uns selbst, keine Einschau in unser Innerstes. Und wie sollen wir ohne Achtsamkeit lernen, uns und anderen vertrauen, uns und andere wertzuschätzen, uns und anderen gegenüber gradlinig und konsequent zu sein? Das alles geht nur auf der Grundlage der Achtsamkeit. Daher also steht Achtsamkeit an oberster und erster Stelle unserer Grundhaltungen als authentische Führungskraft.

Achtsamkeit ist ein zentraler Begriff in den fernöstlichen Philosophien und Religionen. Der buddhistische ZEN-Lehrer Thich Nhat Than meint damit „... das Bewusstsein für die gegenwärtige Wirklichkeit wach zu halten" (Thich Nhat Than, 1997, S. 23). Also wiederum: ganz im Moment zu leben und damit Einsicht zu haben in die wahre Natur der Dinge. Ist für unser westliches Verständnis noch immer nicht so ganz einsichtig, oder? Mir selbst wurde diese Bedeutung von Achtsamkeit auch dann erst klar, als in einer Schrift die indische Herkunft des Wortes und ihr Sinn erläutert wurde: „Achtsamkeit ist die Übersetzung des Sanskrit-Wortes ‚smriti (Pali: sati), das ursprünglich vor allem ‚Gedächtnis' und ‚Erinnerung' bedeutete. Die erweiterte Bedeutung von Achtsamkeit entspringt der Erfahrung, dass wir vor allem die Momente im Gedächtnis, in lebendiger Erinnerung behalten, in denen wir vollkommen lebendig sind, in denen sich Herz und Geist ganz öffnen für die Intensität des Augenblicks" (Scharpf, U., in Thich Nhat Than, 2001, S. 7). Das kennen Sie bestimmt aus Ihrer eigenen Erfahrung: Sie haben bestimmte Momente in Erinnerung behalten, obwohl darin im Grunde genommen nichts Besonderes stattgefunden hatte. Aber da waren Sie nicht abgelenkt, in Gedanken nicht woanders, ganz bei der Sache. Eben ganz offen „für die Intensität des Augenblicks". Und deshalb erinnern Sie sich noch so gut an diese Momente.

Zu religiös, zu philosophisch, meinen Sie nun? Weit gefehlt. Wichtige amerikanische Publikationen der letzten Jahre zum Thema „Leadership" und „Führung" haben „mindfulness" als Ausgangspunkt, darunter Daniel Goleman („Emotional Intelligence“, 2003; „Primal Leadership“, 2002), Richard Boyatzis („Resonant Leadership“, 2005), Michael Carroll („The Mindful Leader“, 2007) oder Avolio/Luthans („The High Impact Leader“, 2005). Von Boyatzis/McKee stammt auch die – typisch amerikanisch prägnante – Definition von Achtsamkeit: “We define mindfulness as being awake, aware, and attending – to ourselves and to the world around us” (Boyatzis, R., McKee, A., 2005, S. 73).

Wach, bewusst und zugegen sein, das ist Achtsamkeit.

Besser hätten das buddhistische Mönche auch nicht beschreiben können. Und wenn wir dann noch als Ergebnis einer umfassenden Untersuchung, was denn den erfolgreichen und wirksamen „leader“ auszeichnet, nicht nur von der „Demut“ als einem der ganz wesentlichen Persönlichkeitselemente hören. Sondern auch Schlussfolgerungen lesen wie „Capturing moments that matter is a key component of effective leadership“ (Avolio, B.J., Luthans, F., 2005, S. 25), dann sehen wir ganz deutlich, dass Achtsamkeit eben nicht nur im Leben von buddhistischen Mönchen, sondern gerade auch im Leben von Führungskräften eine zentrale Rolle zu spielen vermag.

Gut, werden Sie sagen, verstanden! Aber was fange ich damit morgen früh im Büro damit an? Wie kriege ich das „auf den Boden“? Nun, da wäre zunächst zu sagen, dass Achtsamkeit ein ständiger Prozess ist. Achtsam ist man nicht einfach mal so – heute beschlossen, morgen implementiert. Achtsamkeit ist Ihre Lebenseinstellung, Ihre Haltung als Führungskraft, das erfordert Training und Disziplin. Wir hatten früher schon gesehen, dass Meditation dafür ungeheuer hilfreich sein kann, ja geradezu essentiell dafür ist. Aber mit Meditation üben Sie sich in Achtsamkeit, trainieren Sie für den Alltag. Achtsamkeit muss dann jedoch in eben diesem Alltag seine Fortsetzung finden. Versuchen wir also „Achtsamkeit“ gewissermaßen zu operationalisieren und für unsere Führungsaufgaben, für unseren Führungsalltag verwendbar zu machen. Dabei unterscheiden wir wiederum die Achtsamkeit nach innen, zu uns selbst und andererseits die Achtsamkeit nach außen, zur Umwelt und den Menschen.

Machen wir uns das anhand einer sehr typischen Führungssituation klar. Das Mitarbeitergespräch. Formalisiert und ritualisiert, gefürchtet und entlarvend ist das Mitarbeitergespräch sicherlich jenes Führungsinstrument, das in der Praxis am weitesten verbreitet ist, bei dem aber auch am meisten schief läuft. Damit werde ich nun nicht in einen Ratgeber für das Führen eines Mitarbeitergespräches abgleiten. Ich will daher auch nicht analysieren, warum das Gespräch sich so großer Beliebtheit erfreut, aber im besten Fall keine, zumeist jedoch eher eine negative Wirkung zeitigt. Nein, ich will das Achtsamkeits-Konzept einfach auf diesen praktischen Hintergrund projizieren, um damit eine hellere und klarere Vorstellung zu erhalten.

Für das Drehbuch lehnen wir uns an die Vorlage von Jon Kabat-Zinn an. Als Gründer der Stress Reduction Clinic ist Kabat-Zinn der herausragende Vertreter der sog. „Achtsamkeitsmeditation", mit deren Hilfe Patienten den Umgang mit Stress und chronischen Schmerzen lernen. „Achtsam zu sein heißt, ständig wachen Geistes, ständig aufmerksam zu sein, um die Dinge so sehen zu können, wie sie sind" (Kabat-Zinn, J., 2008, S. 45), so definiert er seine Auffassung von Achtsamkeit. Es sei erwähnt, dass seine „Mindfulness Based Stress Reduction" keine Bezüge zum ZEN-Buddhismus aufweist, sich in den Kerngedanken zur Meditation und Achtsamkeit allerdings davon auch wiederum kaum unterscheidet.

„Die Dinge so sehen zu können, wie sie sind ...", ja, gerade das wünschen wir uns doch! Mit unseren Mitarbeitern, unseren Kollegen und Vorgesetzten, unseren Kunden solchermaßen in unmittelbaren Kontakt treten zu können. Was also brauchen wir zur Achtsamkeit? Was ermöglicht uns eine „Haltung der Achtsamkeit"? Wir können das die vier Gebote der Achtsamkeit nennen:

Das Nicht-Beurteilen
Den Geist des Anfängers bewahren
Das Nicht-Greifen
Das Loslassen

Zunächst einmal das **„Nicht-Beurteilen"**. Unser erstes Gebot der Achtsamkeit. Damit tun wir uns als Führungskräfte gleich mal extrem schwer. Unser Job besteht ja hauptsächlich aus dem Beurteilen von Menschen und Situationen. Doch keine Sorge, das wird uns auch zukünftig erhalten bleiben. Wir gehen jedoch einen anderen Weg dorthin. Und da ist der Beginn des Beurteilens oder wie man sich einer Situation annähert eben ein anderer. „Nicht-Beurteilen" heißt, dass man Wahrnehmungen zunächst einmal nicht sofort beurteilt oder bewertet. Nicht sofort auf vergangene Erfahrungen oder Schablonen zurück greift. Einfach nur das Geschehnis, den Menschen, die Situation registriert, ohne Gedanken oder Gefühle aufkommen zu lassen. Geht nicht, werden Sie sagen. Genau darin liegt das Problem, Ihr Problem. Eine halbe Stunde zuvor bereiten Sie sich auf das Gespräch mit dem Mitarbeiter vor (Glückwunsch, immerhin bereiten Sie sich vor – die Praxis zeigt leider oft genug das traurige Gegenteil). „Ach Gott, der wird mir wieder mit der Frage nach der Gehaltserhöhung kommen, das macht der doch immer; und überhaupt, warum bringt der denn jedes Mal gleich zwei Seiten Leistungsnachweis mit, meint der denn, ich weiß nicht, was er tut"?, schießt Ihnen durch den Kopf. Wie, meinen Sie, gehen Sie in das Gespräch, was wird aus dem Gespräch werden? Vermutlich wird es eben ablaufen „wie immer". Weil Sie urteilen „wie immer".

Wenn das erste Gebot der Achtsamkeit das „Nicht-Beurteilen" ist, dann geht es hierbei nicht um Höflichkeit, nicht um Gerechtigkeit. Nein, es geht ganz einfach darum, dass Sie im Laufe des Gesprächs in der Lage sein sollen,

durch den Filter ihrer eigenen Vorstellungen und Emotionen hindurch zu sehen, auf die Situation, auf den Menschen „wie er ist".

Dazu müssen Sie jedoch Ihren Filter – die Farbe und Stärke Ihrer Brillengläser – kennen. Das heißt, sich über Ihre Vorstellungen, Ihre Annahmen, Ihre Emotionen bezüglich des Mitarbeiters und der Situation im Klaren sein. Also, achtsam nach innen sein. In-sich-hinein-Hören, welche Vorstellungen, Annahmen oder Emotionen vorliegen. Sich dann aber – und das ist das Entscheidende – nicht darin verfangen, sondern einen Schritt zurücktreten und in die Rolle eines neutralen Beobachters zu schlüpfen. Der nur registriert, was vorhanden ist. Mehr nicht. Denn: „Die Aufgabe besteht nicht im Abblocken des Beurteilens, sondern darin, zu erkennen, dass es geschieht" (Kabat-Zinn, J., 2008, S. 48). In unserem Falle könnte das heißen, dass Sie einfach registrieren, dass es diesen Gedanken „der Mitarbeiter trägt seinen Gehaltswunsch zu offensiv vor" gibt. Und dass Sie darauf dann gewöhnlich genervt reagieren.

„Nicht Beurteilen" heißt nun, dass Sie diese Vorstellungen einfach so stehen lassen, keine weiteren Gedanken daran anheften. Und vor allem, keine Emotionen dazugeben. Einfach registrieren: da ist dieser Gedanke und da ist normalerweise die dazugehörige Emotion. Mehr nicht. Das wäre dann der erste Schritt. Sie erinnern sich an den Zweck des „Innehaltens". Nämlich unsere Automatik im Denken zu unterbrechen. Und uns damit einen Zwischenraum zu schaffen, der uns die Möglichkeit gibt, anders zu denken, anders zu handeln. „Achtsamkeit verschafft uns einen größeren Überblick über die Auswirkungen unserer Gedanken und Handlungen" (Scharpf, U. in: Thich Nhat Hanh, 2001, S. 8)

Für Führungskräfte kann das „Nicht-Beurteilen" seinen besonderen Wert beim ersten Zusammentreffen mit neuen Geschäftspartnern, und vor allem bei Bewerbergesprächen zeigen. Sie sind erstaunt? Wo es doch gerade bei diesen Gesprächen um das Abschätzen, um das Beurteilen, um den Zugang zur „wahren" Person geht. Richtig! Aber zumeist holen Sie sich Informationen ein, Meinungen anderer, die diese Person bereits kennen, gar Beurteilungen Ihres Personalberaters – und die saugen Sie als Vorbereitung ganz begierig auf. Wie aber wollen Sie Ihren zukünftigen Mitarbeiter, Ihren neuen Geschäftspartner denn richtig einschätzen, wenn Sie schon vollgestopft mit allerlei Vorstellungen, Meinungen, Annahmen und „Vor-„urteilen in das erste Gespräch gehen? Sie haben damit schon Ihr Bild und wollen sich das im Grunde nur nochmals bestätigen lassen. Sie gehen dann noch allenfalls die ersten 10 Sekunden sehr aufmerksam an, denn vielen Ratgebern zufolge erhalten Sie dort die entscheidenden Eindrücke.

Auch richtig! Aber da haben Sie dann gewöhnlich schon so viele Filter, so viele Brillen auf, dass Ihr „erster Eindruck" mehr von dem spiegelt, was in Ihnen ist, als von der Persönlichkeit des Bewerbers. Also auch hier gilt: Vorbereitung ja, aber seien Sie sich im Klaren – seien Sie achtsam – was da bereits in Ihnen passiert, welche Vorstellungen, welche Emotionen da schon gebildet werden. Versuchen Sie diese „Vor-Meinungsbildung" relativ gering zu halten. Und vor allem: halten Sie vor dem Gespräch inne, werden Sie sich Ihrer Vorbilder bewusst, legen Sie Ihre Meinungen beiseite, leeren Sie sich. Nur so werden Sie empfänglich für die Signale des wahren Kerns Ihres Gegenübers.

Unser zweites Gebot der Achtsamkeit heißt **„Den Geist des Anfängers bewahren"** (Kabat-Zinn, J., 2008, S. 49). Hier geht es wiederum um unsere Vorstellungen und Grundannahmen. Und unsere Aufgabe besteht nun darin, zu sehen, dass diese eine Vorstellung, diese eine Grundannahme, diese eine Sichtweise, die wir gerade haben, nicht die einzig mögliche ist. Sondern wir zu dieser Sichtweise aufgrund unserer ganz spezifischen Erfahrungen gekommen sind. Aber es gerade deshalb auch andere Sichtweisen geben muss.

Ich hatte vor Jahren einen Mitarbeiter, den ich zwar für sehr intelligent, aber auch für sehr trocken, und eindimensional hielt. Ich konnte mir beim besten Willen nicht vorstellen, woran er außer seinen Berechnungen noch Spaß haben könnte. Bis ich eines Tages durch zu Zufall erfuhr, dass dieser Mann in seiner Freizeit komponierte, am Klavier, durchaus poetische Stücke. Was meine Sichtweise von ihm völlig veränderte. Das haben Sie bestimmt auch schon erlebt, deshalb ist eine solche „Entdeckung" und die daraus resultierende Veränderung der Sichtweise ja nicht gerade etwas Neues für Sie. Was das zweite Gebot der Achtsamkeit jedoch fordert, ist, sich *immer* so zu verhalten, als gäbe es etwas Neues zu entdecken. *Immer* mit der Möglichkeit anderer Sichtweisen zu rechnen. *Immer* damit zu rechnen, dass Ihr Gegenüber Seiten hat, die Sie sich jetzt kaum vorstellen können. Das heißt nun nicht, überhaupt keine Sichtweise mehr zu haben.

Sondern sich gewahr sein, dass man Menschen, Dinge und Situationen aus unterschiedlichen Perspektiven betrachten kann.

Und unsere eigene Sichtweise nur eine aus vielen möglichen ist. Es stellt sich auf keinen Fall die Frage nach „richtiger" oder „falscher" Sichtweise – die lässt sich nie endgültig beantworten. Hier geht es darum „... eine innere Einstellung der Offenheit (zu) gewinnen, die bereit ist, alles so zu sehen, als wäre es das erste Mal." (Kabat-Zinn, J., 2008, S. 50). Damit bleiben Sie selbst auch neugierig und interessiert. Ihre Innenwelt wird reichhaltiger, genauso wie die Außenwelt Ihnen plötzlich zwar sehr viel weniger festgelegt, aber dafür umso bunter und vielgestaltiger erscheinen wird.

Dieses zweite Gebot hat seine besondere Bedeutung im Hinblick auf die Entwicklung der Potenziale, der Ihrigen genauso wie der Ihrer Mitarbeiter, Kollegen und stakeholder. Als Führungskraft sind Sie verantwortlich dafür, dass all die Menschen, mit denen Sie im Unternehmen zu tun haben, nicht nur ihre jetzigen Potenziale für das Unternehmen einsetzen. Sondern diese und weitere Potenziale zum Wohle des Unternehmens auch entwickeln können.

Das erst macht die wahre Führungskraft aus. Dazu brauchen Sie eine Offenheit für neue, andere Erfahrungen. In Bezug auf Sie selbst heißt das, dass Sie sich täglich neu sehen sollten. Vielleicht wurde Ihre Sichtweise von sich selbst im Laufe Ihres Berufslebens immer schmaler. Im Lauf der Jahre schlossen Sie für sich selbst immer mehr Möglichkeiten aus. Das Spektrum Ihrer Potenziale schrumpfte, nicht weil die Potenziale verschwanden, sondern weil Sie Ihnen keinen Raum mehr gaben, keine Beachtung mehr schenkten. „Den Geist des Anfängers bewahren" heißt schlicht und einfach, sich immer daran zu erinnern, dass nichts statisch ist, nichts unverrückbar festgelegt – und schon gar nichts selbstverständlich ist. Dann wird der Blick weit für die vielen Potenziale – in Ihnen und den Menschen, für die Sie Verantwortung tragen. Auch hier gilt: wenn Sie Ihre eigenen Potenziale nicht kennen, wenn Sie nicht wissen, wie man diese „herauslocken" könnte, dann werden Sie das auch kaum bei Ihren Mitarbeitern schaffen.

Unser drittes Gebot der Achtsamkeit wollen wir mit **„Nicht-Greifen"** bezeichnen. Hier wird schon sehr deutlich, dass unsere „Gebote" natürlich eng zusammenhängen und miteinander verwoben sind. Es sind einfach unterschiedliche Aspekte der Achtsamkeit, bezogen auf unterschiedliche Situationen, unterschiedliche Personen, unterschiedliche Ereignisse. Das „Nicht-Greifen" hängt eng mit dem „Nicht-Beurteilen" zusammen, da haben Sie natürlich recht. Im Falle des „Nicht-Beurteilens" bewerten wir eine Wahrnehmung, ein Ereignis oder eine Person einfach nicht. Im Falle des „Nicht-Greifens" verfolgen wir ein bestimmtes Ziel, einen bestimmten Zweck einfach nicht krampfhaft und pausenlos. Es reicht vollkommen aus, sich einmal darüber im Klaren zu sein. Und nicht wieder bei jeder Gelegenheit danach zu greifen – was zunächst einen krampfhaften Charakter haben wird, später dann aber einen immer verzweifelteren.

Im Beispiel unseres Mitarbeiter-Gesprächs machen Sie es sich zur Zielsetzung, ihm zu sagen: „Die Art und Weise, wie Sie führen, empfinden Ihre Mitarbeiterinnen als persönlich sehr aufdringlich". Das ist unangenehm. Das muss in diesem Gespräch passieren. Das muss ihm einfach heute gesagt werden. Wenn ich ihm das gesagt habe, dann wird es besser gehen, so denken Sie sich. Daher muss ich ihm das heute sagen. Wenn Ihnen dann der Gedanke während des eigentlichen Gesprächs bis zu 10mal durch den Kopf schießt, Sie schon ganz unruhig werden, wann Sie denn nun Ihre Botschaft loswerden können – dann können Sie keinesfalls achtsam im Gespräch sein. Dann werden Ihnen sämtliche Nuancen des Gespräches entgehen. Sie werden auf keinen Fall aufmerksam zuhören können.

Das heißt nun wiederum nicht, sich überhaupt keine Ziele mehr zu setzen, keine Zwecke mit bestimmten Handlungen mehr zu verfolgen.

**Natürlich müssen Sie Ziele setzen, Zwecke verfolgen!
Aber eben nicht krampfhaft!**

Wenn Sie krampfhaft Sport treiben, um einen Herzinfarkt zu vermeiden, werden Sie in einen noch größeren Stress geraten. Wenn Sie sich mit Meditation unbedingt entspannen wollen, dann werden Sie nicht eine Sekunde entspannt sein. Wenn Sie in einem Gespräch krampfhaft ein Ziel erreichen wollen, dann wird das Gespräch jede Wendung nehmen, aber nicht die von Ihnen gewünschte – denn Sie sind nicht präsent, Sie registrieren nicht, was im Augenblick vor sich geht. Sie sehen eben die Dinge nicht so, wie sie sind. Aber genau das wollten Sie doch eigentlich erreichen, nicht wahr?

Sie schaffen das jedoch nur, wenn Sie nicht krampfhaft greifen. Sondern einmal sehr klar und eindeutig Ihr Ziel definieren oder den Zweck Ihres Tuns bestimmen. Gemäß der zweiten Säule der Kampfeskunst der Samurai eben niemals halbherzig oder unentschlossen handeln, sondern nur mit vollem Herzen und fest entschlossen. Dann dürften eigentlich keine Zweifel mehr aufkommen, dann müssen Sie auch nicht ständig danach greifen. Vielmehr können Sie sich vollständig und unabgelenkt auf die aktuelle Situation, auf das gegenwärtige Ereignis konzentrieren. Das gilt im Übrigen nicht nur für Gespräche, ob mit Mitarbeitern oder Aktionären, sondern für sämtliche persönlichen und unternehmerischen Zielsetzungen, seien es die mittel-bis langfristigen Zielsetzungen Ihrer Abteilung, Ihres Bereiches, Ihres Unternehmens oder die vierteljährlichen Budgetziele.

**Je krampfhafter Sie die Erreichung von Zielen beschwören,
desto mehr entgeht Ihnen die Fülle des Moments.**

Und damit entgehen Ihnen auch die Information über negative Einflussfaktoren, über die Ursachen von Abweichungen, über Änderungen in den Annahmen, über mangelndes commitment Ihrer Mitarbeiter –

alles Dinge, die der Zielerreichung möglicherweise entgegenwirken. Weil Sie nicht präsent sind, weil Sie nicht achtsam sind – weil Sie eben ständig nach dem Ziel greifen. Das ist halt unser Job, werden Sie nun sagen. Das stimmt, kann ich Ihnen da nur erwidern – aber mit dem „Nicht-Greifen“ als Einstellung werden Sie diesen Job bestimmt noch wirksamer als bisher erledigen können.

Das **„Loslassen“** wäre nun im Grunde genommen unser viertes Gebot der Achtsamkeit. Sicherlich eines der ganz wesentlichen Elemente für die Herausbildung und Praxis von Achtsamkeit. Über das „Loslassen“ hatten wir jedoch uns in den Betrachtungen zur Reflexion und zur Meditation schon ausführlich unterhalten. Daher wollen wir dieses Gebot hier nicht mehr weiter vertiefen.

Wir hatten uns mit den Geboten der Achtsamkeit nun sehr stark auf die innere Haltung der Führungskraft konzentriert. An früherer Stelle hatten wir gezeigt, dass die innere Haltung die äußere, die unserer Umwelt und Menschen zugewandte Haltung bestimmt. Was also ist das Pendant der inneren Achtsamkeit nach außen? Wie zeigen Sie, wie praktizieren Sie Achtsamkeit im Führungsalltag. Nun, im Kern natürlich ebenfalls entlang der vier Gebote der Achtsamkeit, die wir eben kennengelernt haben. Aber diese kommen schließlich allesamt in einer Haltung zusammen, die wir bei vielen Führungskräften heute so schmerzlich vermissen – das Zuhören. Besser gesagt: das Zuhören-Können.

Die Führungskraft muss aktiv sein, muss dominant sein, muss den Weg zeigen – mit diesem Selbstverständnis im Gepäck meinen viele Führungskräfte alle Legitimation der Welt zu haben, um pausenlos zu reden. Sie reden selbst in Mitarbeitergesprächen mehr als ihre Mitarbeiter. Sie reden und reden, als wäre der Teufel der Stille hinter ihnen her. Sie reden, als würden sie auch bei nur einer Sekunde des Schweigens (ich spreche noch nicht einmal vom Zuhören!) schon in eine tiefe Bedeutungslosigkeit verfallen. Darin scheint sich eine ihrer Urängste zu äußern: im Schweigen, im Zuhören sich nicht mehr als Führungskraft spüren zu können. Denn: mit Schweigen könne man ja nichts vermitteln (welch einfaches Weltbild!), geführt werde durch das Wort (wenn's denn ankommt!) und Zuhören sei ja ohnehin viel zu passiv (sagte mir allen Ernstes vor Jahren eine „Führungskraft“). Und so wird landauf, landab doziert, erläutert, gemahnt, erzählt, schwadroniert. Aber nicht zugehört.

„Wissen Sie, dass Sie so Ihre Geringschätzung für Ihre Mitarbeiter zeigen?", fragte ich einen dieser Vielredner. Großes Erstaunen war die Folge. Er würde sich doch so sehr um die Mitarbeiter kümmern – und meinte damit, sie bräuchten seine Worte. Er konnte nicht verstehen, dass Mitarbeiter eher das Zuhören als Hinwendung empfinden würden als das Überschütten mit Sätzen. Und von daher gewinnt das Zuhören auch seine so außerordentliche Bedeutung im Führungsprozess. „Das Hören ist stets zielgerichtet. ... Auf jemanden oder etwas zu hören, das bedeutet, sich herausfordern zu lassen. Der Hörende verlässt das Stadium der Distanz, des Desinteresses ... und wird aktiv" (Kirchner, B., 1996, S. 45). Im Zuhören wende ich mich dem anderen zu, ich widme mich ihm. Und bringe damit meine Haltung der Offenheit, der Neugier und des Respekts zu Ausdruck.

Zuhören drückt mehr an Wertschätzung für den anderen aus, als es tausend Worte zu sagen vermögen.

Denn nicht in Worten zeigt sich die Haltung der Führungskraft, sondern im echten Tun. Zuhören ist aktives Tun. Zuhören kann nicht vorgespielt werden, das werden Sie mir aus vielfachen eigenen Erfahrungen bestimmt bestätigen können. Schneller als bei anderen Verstellungen erkennt man den Heuchler beim vorgetäuschten Zuhören. Kein Wunder: echtes Zuhören erfordert die Aufmerksamkeit des ganzen Geistes. Da spricht der Körper Bände! Beobachten Sie doch nur einmal, wenn Personen „wie gebannt" zuhören.

Zuhören ist angewandte Achtsamkeit. Und genauso wie diese ist das Zuhören mehr als nur die Haltung der Führungskraft. Sie ist gleichzeitig auch die Voraussetzung für weitere Haltungen: ohne zuhören zu können, werden Sie schwerlich Vertrauen in Ihre Mitarbeiter und Kollegen setzen können. Respekt können Sie vor allem durch Zuhören ausdrücken. Sinnvermittlung wird ebenfalls nicht ohne Zuhören gehen, denn ohne Zuhören werden Sie den anderen nie verstehen. Dabei ist es vor allem der Ausdruck der Hinwendung zum anderen, der dem Zuhören seine ganz eigene Qualität gibt. Das zeigen schon die Ausdrücke „Sie leihen ihm Ihr Ohr", „Sie schenken ihm Gehör" sehr deutlich. Das aktive Zuhören geht weit über die bloße Aufnahme von Worten hinaus. Denn parallel dazu begleiten Gebärden, Mimik, Klang und Rhythmus den Fluss der Worte. Und vermitteln zumeist mehr an Inhalten, als dies allein die Worte vermögen. Das macht das Zuhören so wertvoll, aber eben auch so unendlich schwierig.

Deshalb können auch beim Zuhören die Gebote der Achtsamkeit wertvolle Hilfestellung für die Führungspraxis bieten: „Nicht-Beurteilen“ und der „Geist des Anfängers“ machen offen, erlauben ungeteilte Aufmerksamkeit und wache Neugier. Zuhören so, als wenn Ihr Gegenüber das erste Mal zu Ihnen spräche. Und Sie nicht schon alles zu wissen glauben, auch wenn Ihr Mitarbeiter Sie zum hundertsten Male anspricht. Auch er birgt Neues in sich, auch er verändert sich. Dinge auch einfach einmal stehen lassen, nicht gleich kommentieren.

Ich hatte einen Kollegen, der mir zumeist nach einem Viertel meines Satzes mit seiner (vermeintlichen) Antwort bereits ins Wort fiel. Er wollte gar nicht abwarten, bis mein Satz zu Ende war. Er wollte mit seiner übereilten Antwort sicher gehen, dass ich seinen, den gewohnten Rahmen, nicht verlasse. Blanke Angst vor Unbekanntem, Furcht, eine Wissens-Lücke, eine Schwäche zugeben zu müssen, Unsicherheit über die eigene sprachliche Kompetenz. Dann lieber dem anderen gleich ins Wort fallen – dafür leider aber niemals aktiv zuhören zu können. Was die Wirksamkeit des Kollegen als Führungskraft zweifelsohne stark beeinträchtigte. Denn viele der entscheidenden Informationen gingen so an ihm vorbei und weder erweiterte sich sein Kenntnisstand noch sein Horizont.

Die Mitarbeiter durch ununterbrochenes Reden führen zu wollen ist zusammen mit dem Nicht-Zuhören-können wohl der am meisten verbreitete Führungsfehler in der Praxis. Letztlich ist es ein Mangel an Achtsamkeit. Man verhält sich hierbei ähnlich wie beim Versuch, krampfhaft Ziele und Zwecke erreichen zu wollen. Je krampfhafter man sich anstrengt, desto mehr entschwindet das Ziel. Daher:

**Je mehr man redet – und nicht zuhört,
desto mehr entschwindet der Mitarbeiter.**

Oder anders gesagt: „Wo das Hören verkümmert, tritt allmählich Distanz ein“ (Kirchner, B., 1996, S. 52). Und damit beginnt ein Teufelskreislauf, den Führungskräfte nur selten zu durchbrechen in der Lage sind. Sie spüren wohl, dass ihre Mitarbeiter und ihre Kollegen sich zurückziehen. Und registrieren, dass damit ihre Wirksamkeit als Führungskraft nachlässt, ihre Worte, das Führungshandeln ihre Schlagkraft verlieren. Und was folgt dann? Genau: Aktionismus in Sitzungen, Jour Fixe-Termine, Gruppengespräche, Strategie-meetings und was noch alles.

Alles Foren, über die die Führungskraft glaubt, ihre Mitarbeiter und Kollegen doch noch erreichen zu können. Indem sie noch mehr redet. Doziert und beschwört. Und immer weniger zuhört und damit immer mehr Entfernung und Entfremdung schafft. Und sich am Ende in einer Raumkapsel findet, die weit entfernt vom Leben „ihrer" Mitarbeiter draußen in der Stratosphäre der Führungsetage einsam ihre Runden zieht. Achtung: in Führungskreisen populär ist die These, das müsse so sein! An der Spitze wäre man eben einsam. Welch ein Unsinn! Wenn eine Führungskraft einsam ist, dann hat sie sich selbst abgekoppelt, und dies tut sie am wirksamsten, in dem sie nicht mehr zuhört.

Fassen wir also zusammen. Achtsamkeit ist die allererste Grundhaltung einer authentischen Führungskraft. Nach innen, auf die leisen Stimmen des Selbst gerichtet, trägt die „Selbst-„Achtsamkeit entscheidend zur Herausbildung der weiteren Haltungen einer Führungskraft bei. Achtsamkeit ist das unabgelenkte Beobachten der Vorgänge des Augenblicks. Das wir anhand von vier Geboten „handhabbarer" zu machen versuchten.

Das Pendant der Selbst-Achtsamkeit ist das Zuhören. Gerade Führungskräfte unterliegen dem verbreiteten Irrtum, Reden sei ein wichtigeres Mittel der Führung als das Zuhören. Doch die Grundhaltung der Achtsamkeit lehrt uns, dass Führung ohne Zuhören zum Scheitern verurteilt ist. Achtsamkeit und Zuhören sind daher sowohl Voraussetzung als auch Oberbegriff für alle weiteren Haltungen einer authentischen Führungskraft: Nämlich Respekt, Vertrauen, Konsequenz und Sinn.

3. Mit Selbstwert anderen echte Wertschätzung geben können!

„Ich kann meinen Mitarbeitern, Kollegen und allen Menschen nur dann echte Wertschätzung, also Respekt, entgegenbringen, wenn ich um meinen eigenen Wert weiß, wenn ich Selbstwert habe", so hatten wir eingangs festgehalten. Bevor wir daher zum Respekt anderen gegenüber kommen, wollen wir uns mit dem Selbstwert, dem eigenen Wert beschäftigen. Meistens als „Selbstwertgefühl" im Gespräch. Kann man den Selbstwert also nur erfühlen, ist er vielleicht nur ein gefühlter Wert, so wie die gefühlte Temperatur, die von der tatsächlichen deutlich abweichen kann? Der Stellenwert des Selbstwertes zeigt sich uns vielleicht am ehesten, wenn er einmal nicht mehr da ist. Beim Verlust des Selbstwertgefühls also. „Die Störung der Selbstwertregulation ist der Kern der depressiven Erkrankung. Dies gilt für alle Formen depressiven Krankseins“ (Bauer, J., 2010, in www.pschotherapie-prof-bauer.de/depression). Selbstwertgefühl ist also zunächst einmal eine Vorbedingung für psychische Gesundheit. Es ist vorhanden, wenn wir fühlen, dass wir etwas wert sind, wenn wir zu unserem Umfeld etwas Positives beitragen können und wenn uns diese Umwelt dann auch noch widerspiegelt, wie wichtig und wertvoll es ist, dass wir da sind. Dass wir eben nicht nur durch Leistung etwas wert sind, sondern bereits durch unser bloßes Da-Sein, durch unsere Existenz. Selbstwertgefühl ist damit so etwas wie das Fundament, auf dem wir bauen. Und die Anerkennung – durch uns selbst und durch andere – ist dessen Bindemittel. Wenn wir also fühlen – nicht denken! -, dass wir auch ohne Leistung von unserer Umgebung geschätzt werden, dann kann sich ein gesundes Selbstwertgefühl entwickeln.

Sollte wohl für Führungskräfte kein Problem sein, gerade daran mangele es wohl den meisten nicht, werden Sie nun spontan sagen. Falsch, kann ich da nur ebenso spontan antworten und erneut Prof. Bauer, einer der profiliertesten Neurobiologen, zu Wort kommen lassen. Für die Entstehung des Burn-Out ist „...besonders fatal ... der Verlust der persönlichen Wertschätzung sich selbst und anderen gegenüber“ (Bauer, J., 2010, in www.psychotherapie-prof-bauer.de/burn-out). Auch die Ergebnisse der größten deutschen wissenschaftlichen Studie zur Gesundheit von Führungskräften (SHAPE-Studie) sind eindeutig: „Das Fehlen von Wertschätzung, Achtung und Lob für die erbrachten Arbeitsleistungen hängt mit einer massiven Verschlechterung der körperlichen Gesundheit und der Schlafqualität zusammen; bereits eine minimale ‚Gabe‘ von Wertschätzung und Achtung führt zu einer deutlichen Verbesserung der Gesundheit“ (Kromm, W., Frank, G., Gadinger M., 2010, S. 21). Und diese Studie spricht nur von Führungskräften!

Beispiele für Führungskräfte und deren Krankheiten, von Schlaflosigkeit bis zum Burn-Out, kennen Sie aus Ihrer eigenen Erfahrung bestimmt ausreichend. Verlust des Selbstwertgefühls und diese Krankheiten stehen also in einem unmittelbaren Zusammenhang. Wie kann das sein, so mitten im Beruf stehend und dabei dann das Selbstwertgefühl zu verlieren? Gerade im Beruf ist man doch „wer“! Ja, aber eben vielleicht nur dort. Wenn Sie sich nur noch einseitig über den Beruf, über die berufliche Leistung definieren, wenn der berufliche Mensch dominiert und vom privaten Menschen nur noch schale Reste vorhanden sind, dann sind Sie auf dem besten Wege ins Abseits. Als erstes bricht Ihr Selbstwertgefühl zusammen, dann die Psyche, dann der Körper ...

Doch halt – Sie sind mit mir gemeinsam auf dem Wege zur Authentizität. Und dabei haben wir gelernt, zu reflektieren. In die Tiefen unseres Selbst hinein zu spüren, uns – und damit auch unser Selbstwertgefühl – besser zu verstehen. Die leisen Stimmen in uns zu hören. Nagt da heute schon etwas an Ihrem Selbstwertgefühl? Prahlen Sie mit einem angeblich starken Selbstwertgefühl, anderen gegenüber, nach außen – und drinnen ist's längst schon dunkel? Haben Sie ein ausreichendes und erfülltes Leben außerhalb Ihres Berufes?

Die authentische Führungskraft stellt sich Fragen wie diese offen und ehrlich – und vor allem rechtzeitig. Denn sie weiß um die Bedeutung des Selbstwertgefühls, für die eigene Person und ihre Gesundheit. Deshalb pflegt sie die Wertschätzung sich selbst gegenüber als Haltung. Auch als Voraussetzung für einen produktiven Umgang mit Mitarbeitern, Kollegen und Kunden. Denn diese benötigen ebenfalls Wertschätzung, brauchen Respekt, genauso wie Sie selbst.

Und damit sind wir auch schon bei Ihrem Führungsalltag angelangt. Weshalb muss Wertschätzung zum Grundwortschatz Ihrer Führungstätigkeit gehören? Und warum ist sie mehr als nur reine Höflichkeit? Die Antwort ist im Grunde genommen nicht schwer. Als Führungskraft sind Sie verantwortlich für die Qualität der Beziehungen – zu und zwischen Ihren Mitarbeitern, Ihren Kollegen und den Stakeholdern des Unternehmens.

Menschliche Beziehungen – das untermauern inzwischen auch die neuesten neurobiologischen Erkenntnisse – sind durch das Streben nach Zuwendung, Wertschätzung und Kooperation bestimmt. „Wir sind – aus neurobiologischer Sicht – auf soziale Resonanz und Kooperation angelegte Wesen“ (Bauer, J., 2007, S. 21). Und genau hier liegt der Grund, warum die Wertschätzung so elementar für die Wirksamkeit von Führung und für den Erfolg von Unternehmen ist. So elementar, dass mancherorts schon der Slogan „Wertschöpfung durch Wertschätzung“ als firmeninterne Devise Eingang in den Unternehmensalltag gefunden hat (so die Firma MolyLiquid/Ernst Prost, Ulm). So elementar, dass die Führungskraft Wertschätzung gar als eine ständige Haltung einnehmen muss. Denn:

Wertschätzung hat die größte Auswirkung auf die Leistungsbereitschaft der Mitarbeiter

Um zu dieser Einsicht zu gelangen, brauchen Sie im Grunde genommen keine Studienergebnisse (wenn doch, siehe u.a. die Studie von Hewitt Associates, Attraktive Arbeitgeber, aus dem Jahr 2008). Eine gesunde Portion Achtsamkeit im Umgang mit Ihren Mitarbeitern reicht völlig aus, um deren Bedürfnis nach Wertschätzung zu erkennen. Wenn nicht, hilft vielleicht der Rückgriff auf Ihre eigenen Erfahrungen. Vielleicht hatten Sie Vorgesetzte, von denen Sie keine oder nur ungenügend Wertschätzung erfuhren. Wodurch dann nach und nach Ihre Leistungsbereitschaft zurückging, zunächst unmerklich, später sichtbar. Warum um alles in der Welt tun sich Vorgesetzte so schwer damit? Wo doch einerseits der Zusammenhang mit der Leistung so offensichtlich, andererseits der „Aufwand", den die Wertschätzung erfordert, im Grunde doch sehr bescheiden ist?

„Wertschätzung hinten und vorne, das reinste Kuschel-Unternehmen, aber keine Leistung", so ein Manager abfällig über den Umgang in einer Konzerntochter. Und genau darin liegt das Problem vieler Führungskräfte: sie verwechseln Wertschätzung mit einem weichen „Kuschel-Kurs": immer alles honorieren zu müssen, immer nett sein zu den Mitarbeitern, Führung mit Wattebäuschchen und dabei bloß keinem weh tun – das ist die typisch unreflektierte Haltung jener, die sich selbst so gerne als „harte Macher" bezeichnen. Und für die Wertschätzung höchstens als Zutat für die Barbie-Grundausrüstung taugt. Aber bleiben wir fair: Diesen Führungskräften fehlt es schlicht an Selbstwert. Und sie wehren sich eben aus diesem Grunde so vehement dagegen, ihren Mitarbeitern Respekt und Wertschätzung entgegenzubringen. Ihr Problem liegt daher nicht in der Wertschätzung an sich, sondern in ihnen selbst, in ihrem geringen Selbstwertgefühl. Das sie allerdings gerne hinter markigen Sprüchen verstecken.

Also, eine wertschätzende Haltung schließt deutliche und klare Worte natürlich nicht aus, im Gegenteil. Respekt vor einer Person zeigt sich gerade auch in einem ehrlichen und offenen Feedback. Es muss Klartext gesprochen werden, aber in einer fairen Art und Weise. Die den Mitarbeiter nicht verletzt, sondern ihn ernst nimmt und ihm Wege weist, kurz: die ihn respektiert. Denken Sie daran: Wertschätzung bezieht sich immer auf die Person. Hier zeigen Sie, dass Ihnen diese Person wichtig ist, Ihnen am Herzen liegt. Geht es dagegen um die Leistung, dann sind Anerkennung/Kritik sowie Lob/Tadel die richtigen Formen.

Wertschätzung zeigt sich also in erster Linie in der Art und Weise des Umgangs mit Mitarbeitern, Kollegen und Kunden. Höflichkeit, Freundlichkeit, Offenheit sind die wesentlichsten Elemente. Auch Besuche des Chefs an den Arbeitsplätzen der Mitarbeiter drücken Wertschätzung aus. Und keine Besuche eben das Gegenteil! So schaffte es eine „Top-Führungskraft" in 3 Jahren nicht, sich auch nur einmal in den Büros ihrer Mitarbeiter blicken zu lassen. Da mangelte es nicht nur komplett an Wertschätzung, diesem Herrn waren die Mitarbeiter schlichtweg egal – um die sollten andere sich kümmern.

In der Praxis des Führungsalltags wird ein wesentlicher Punkt in Bezug auf die Wertschätzung häufig völlig unterschätzt. Die Informations- und Kommunikationspolitik, vor allem den Mitarbeitern gegenüber. Denn bei deren Informationsbedürfnis geht es nicht nur um die Verfügbarkeit von Informationen, um Wissen.

Bei der Mitarbeiter-Information geht es ganz elementar auch um Wertschätzung.

Das wird bei der Informationsverbreitung bzw. bei unterlassener Information oftmals vergessen. Rechtzeitige Information der Mitarbeiter vor Veränderungen im Unternehmen, vor entsprechenden Presseveröffentlichungen zeigen dem Mitarbeiter die Wertschätzung. Man kann nicht höflich und freundlich sein – und gleichzeitig den Mitarbeiter im Unklaren lassen. Der wird dann die vorgeschobene Höflichkeit schnell als Heuchelei enttarnen – und sich fragen, wo denn die Wertschätzung geblieben ist, ob man in diesem Hause überhaupt noch geschätzt wird. Oder wie würden Sie selbst das deuten? Daher: mit regelmäßiger und vor allem rechtzeitiger Information drücken Sie dem Mitarbeiter gegenüber Wertschätzung aus. Das reicht von der schriftlichen Information an alle Mitarbeiter bis hin zum Vier-Augen-Gespräch. So zeigen Sie im Übrigen auch den Aktionären und Kunden Ihres Unternehmens Ihre Wertschätzung.

Wir hatten gesehen, dass Wertschätzung eine grundlegende Voraussetzung für die Leistungsbereitschaft der Mitarbeiter und Stakeholder im Unternehmen ist. Aber noch aus einem ganz anderen Grund ist die Wertschätzung im alltäglichen Miteinander im Unternehmen unabdingbar: Wertschätzung ist die Grundlage für das Entstehen von Vertrauen. Wenn wir vor jemanden keinen Respekt haben, dann ist auch kein Aufbau von Vertrauen möglich. Und auf das Vertrauen als die dritte der Grundhaltungen einer authentischen Führungskraft will ich nun im Folgenden eingehen.

4. Durch Selbstvertrauen im Unternehmen Vertrauen vermitteln!

Ähnlich wie beim Selbstwertgefühl stoßen wir auch beim Selbstvertrauen auf eine verbreitete Mär: Wenn denn einer Selbstvertrauen hat, dann doch wohl am ehesten die Führungskraft. Ohne Selbstvertrauen wäre sie doch nie so weit gekommen. Klingt einleuchtend, nicht? Aber hält diese Aussage auch einer genaueren Überprüfung stand? Aber zuerst einmal: was ist denn überhaupt Selbstvertrauen?

Diese Person strahlt Selbstvertrauen aus – so heißt es landläufig. Selbstvertrauen ist zunächst also nicht etwas, von dem man einfach behaupten kann, es zu besitzen. Sondern ist vielmehr etwas, das man ausstrahlt, aussendet – wenn man es denn hat. Etwas, das also tiefer in uns verborgen sein muss also eine bloße Meinung oder Einschätzung. Etwas für dessen Ausdruck Haltung, Blick, Gestik, Mimik, Stimmlage komplett synchronisiert zusammenwirken müssen, um glaubhaft zu sein. Nirgendwo sonst lässt sich eine Unehrlichkeit schneller dingfest machen als beim Selbstvertrauen. „Dazu reicht mein Selbstvertrauen allemal", teilte mir eine Führungskraft vor einem anstehenden Karrieresprung mit. Dazu passte zwar die Festigkeit in der Stimme, die entschlossene Faust – aber nicht der für Sekundenbruchteile gesenkte Blick, der das Gegenteil signalisierte. Er behauptete zwar Selbstvertrauen – aber er strahlte es einfach nicht aus. Es war nicht spürbar, dass alles in ihm sagte: ja, ich vertraue in mich selbst, auf und in mein Selbst. Es war nur sein Kopf, besser sein Kehlkopf, die dies auszudrücken versuchten. Aber:

Selbstvertrauen ist nicht im Kopf analysier- und definierbar.

Selbstvertrauen ist etwas, das in erster Linie im Bauch erfühlt und gespürt werden kann. Weil es eben eine allumfassende Bedeutung hat. Nicht nur Vertrauen in die eigenen Fähigkeiten und Fertigkeiten, sondern ein allumfassendes grundlegendes Vertrauen in alles, was uns als Person ausmacht, worauf wir uns grundlegend stützen. Alles was unser „Selbst" ausmacht und nicht nur das, was unser „Ich" ausmacht.

Nicht umsonst trennt selbst unsere Alltagssprache hier sehr fein – ohne dass wir uns dessen bewusst sind. Selbstvertrauen haben und von sich selbst überzeugt sein, sind zwei völlig grundverschiedene Dinge. Das Wort „Selbstüberzeugung" gibt es in unserer Sprache nicht, wohl aber „Selbstvertrauen". Das soll ein Hinweis sein, wovor Sie gerade als Führungskraft sehr auf der Hut sein sollten. Alltäglich präsentieren sich vor Ihnen doch sehr viele von sich selbst überzeugte Menschen. Viele davon auch noch „im Brustton der Überzeugung". Und genau da liegt der Unterschied: nicht vom Selbst überzeugt, sondern vom Ich. Nicht von innen her ausgestrahlt, sondern mit geschwellter Brust verkündet.

Warum dann haben die von sich selbst so Überzeugten häufig doch nur ein geringes Selbstvertrauen? Gerade deshalb, möchte man antworten. Weil eben ein übergroßes Ego, eine viel zu ausgeprägte Orientierung am „Ich" den Blick auf das Selbst verstellt, den Blick gar nicht durchlässt. Dieser Persönlichkeitstypus ist nicht in der Lage zu reflektieren, einen offenen und ehrlichen Dialog mit sich selbst, zwischen seinem Ich und seinem Selbst zu führen. Er klammert sich – im Grunde genommen ängstlich – an sein Ich, das er sich mühsam zurecht gezimmert hat. Und das er nun in Form eine übergroßen Selbstüberschätzung vor sich her trägt.

Wie erkennen Sie nun im Führungsalltag den Unterschied? Kann doch wohl nicht so schwer sein, den oder die Blender aus Ihrer Umgebung herauszufischen? Ganz so einfach ist es leider nicht. Denn der Selbstüberzeugte versucht Sie oder zumindest vor Ihnen zu dominieren, während der mit Selbstvertrauen ausgestattete dies „nur ausstrahlt". Der Unterschied lässt sich nur intuitiv erkennen. Da müssen Sie schon sehr Ihrer Intuition vertrauen und damit auch auf all das zurückgreifen, was wir im dritten Abschnitt besprochen haben.
Insbesondere die Technik des Loslassens und die Haltung der Achtsamkeit. Beide ermöglichen den Blick auf den Kern des Gegenübers. Beide

erfordern aber – wie wir gesehen haben – eine beharrliche Übung. Doch bald werden Sie in der Lage sein, intuitiv zu spüren, dass der mit Selbstvertrauen ausgestattete Mitarbeiter oder Kollege rund, voll und warm in Sie hinein strahlt. Während der nur von sich selbst überzeugte, aber laute Mitarbeiter dagegen schal, dürr und lau bei Ihnen ankommt. Weil eben seine Persönlichkeit nicht mehr hergibt. Im Unternehmensalltag ist es immer wieder erstaunlich zu sehen, wie viele Führungskräfte sich vom aufgesetzten Schein ihrer Mitarbeiter, ihrer Kollegen oder auch Ihrer Kunden täuschen lassen. Weil sie sich nicht getrauen, auf ihre Intuition zu hören, weil sie sich nicht getrauen, authentisch zu sein. Mut also, vertrauen Sie zuerst einmal in sich selbst, haben Sie „Vertrauen in die eigene innere Weisheit" (Kabat-Zinn, J., 2008, S. 50). Und vor allem: haben Sie den Mut, sich überhaupt selbst kennenlernen zu wollen. Das ist keine Selbstverständlichkeit – darauf sind wir schon in den Betrachtungen zur Selbstführung und Selbstwertschätzung gestoßen.

Ohne Selbstvertrauen kein Vertrauen, weder zu den anderen noch von den anderen.

Nachhaltig stabile Beziehungen lassen sich daher nur durch Vertrauen aufbauen und aufrecht erhalten. Liegt – wie es unserem hier vertretenen Führungsverständnis entspricht – die Hauptaufgabe einer Führungskraft in der Gestaltung von Beziehungen, dann gehört der Umgang mit Vertrauen zum alltäglichen Arbeitsmittel der Führung. Werden wir Führungskräfte allerdings gefragt, was Vertrauen ist, dann geht es uns wie Augustinus bei der Frage nach dem Wesen der Zeit: „Werde ich nicht danach gefragt, so weiß ich es, werde ich danach gefragt, so weiß ich es nicht". Damit ist deutlich, dass Vertrauen keine Angelegenheit des Verstandes ist, etwas das sich rational und logisch analysieren und begründen ließe. Vertrauen liegt dann vor, wenn ich den anderen einschätzen kann, im Hinblick auf sein Denken und Verhalten. Wenn sich der andere also verhält, dass ich erwarten kann, dass er mir nicht schaden will. Diese Erwartungen wiederum speisen sich einmal aus den mit dieser Person gemachten Erfahrungen, zum anderen jedoch auch aus dem jedem Menschen gegebenen „Urvertrauen".

Und genau letzteres dürfte einer der Hauptgründe für die Unterschiedlichkeit der Führungsstile und –ansätze sein. „Ich traue prinzipiell keinem Menschen. Bis ich einem Mitarbeiter vertraue, dauert das lange. Das muss er sich erst mal verdienen", so die entschiedene Aussage eines Bereichsleiters einer Bank. Zustimmung meinerseits – was den letzten Satz betrifft. Natürlich muss Vertrauen erarbeitet werden, oder verdient – ganz nach Sichtweise. Aber doch wohl bitteschön beiderseitig, so viel darf doch schließlich der Mitarbeiter auch vom Chef erwarten können.

Der Hammer liegt jedoch im ersten Satz. Zunächst mal gar nicht vertrauen. Keinem. Daraus sprechen Enttäuschungen, Bitterkeit und Verletzungen. Missbrauchtes Vertrauen, verletztes Vertrauen – oftmals zurückreichend bis in die Kindheit, in der die Umstände den Aufbau dieses Grund- oder Urvertrauens vielleicht nicht ermöglichten. Enttäuschtes Vertrauen, das so viel Bitterkeit hervorruft, weil ja so viel in den Aufbau eines Vertrauensverhältnisses investiert wurde. Das dann schließlich zerbrach. Und so weiter. Der Ursachen also genug. So verständlich daher diese Aussage auch sein mag – für Führungskräfte jedoch ist sie schlichtweg inakzeptabel. Menschen, die solche Aussagen tätigen, dürften einfach nicht in Führungspositionen gelangen.

„Blauäugig allen und jedem vertrauen, das sollte aber eine Führungskraft auch nicht“, so mögen Sie einwenden. Absolut richtig – man muss jederzeit wissen, wieweit man der Situation und der Person entsprechend gehen – sprich Vertrauen schenken – kann. Einem Berufsanfänger unter Verweis auf das Grundvertrauen gleich ein volles Pouvoir für größere Finanz-Entscheidungen zu geben, wäre fahrlässig. Derselben Person die Verantwortung für eine klar definierte Projektarbeit zu geben, wäre aber Ausdruck eben jenes Grundvertrauens. Und eben ohne dieses Grundvertrauen – das sich in der Praxis zumeist in der Form eines Vertrauensvorschusses zeigt – ist der Aufbau von Beziehungen nicht möglich. Doch nicht nur das. Ich möchte behaupten, dass ohne die Fähigkeit zur Vertrauensbildung eine Führungskraft nicht wirksam sein kann:

Die Wirksamkeit einer Führungskraft baut auf Ihrer Fähigkeit, Vertrauen schaffen zu können.

Wir haben mit Vertrauen also nicht etwa nur einen „soft-factor“ der Führung, sondern Vertrauen zieht eine Kette harter wirtschaftlicher Folgen nach sich. Da bestimmt das Ausmaß an Vertrauen zunächst einmal die Spielräume der Delegation von Aufgaben und Verantwortung. Wenig Vertrauen in die Mitarbeiter ist zumeist gleichbedeutend mit einem geringen Maß an Delegation, das die Führungskraft durch den verstärkten persönlichen Einsatz wieder wettmachen muss. Was dessen Effizienz schon mal entscheidend vermindert.

Wenig Vertrauen resultiert darüber hinaus in einem nur gering ausgeprägten Informationsfluss. Sei es das fehlende ehrliche Feedback von Mitarbeitern und Kollegen, sei es das Vertuschen von Fehlern, das Verschweigen von Fehlentwicklungen oder das Hintanhalten persönlicher Bewertungen. Die mit nur geringem Vertrauen ausgestattete Führungskraft wird so in aller Regel mit einem deutlich reduzierten Informationsfluss leben müssen. Was aber deren Wirksamkeit als Führungskraft weiter vermindert.

Sie sehen damit, dass Vertrauen eben nicht nur eine ethische Größe im Führungsalltag ist. Sie ist ein ethisch *und* ökonomisch zwingendes Gebot jeglicher Führungstätigkeit. Auch deshalb haben wir das Vertrauen als die dritte der fünf Grundhaltungen einer authentischen Führungskraft bezeichnet. Wie jede unserer Grundhaltungen so lässt sich auch – auf der Grundlage eines vorhandenen Grundvertrauens – das Vertrauen als Haltung pflegen und erweitern. Die innere Haltung bestimmt die äußere, so hatten wir an früherer Stelle festgehalten. Das Ausmaß an Selbstvertrauen bestimmt das Ausmaß, in dem die Führungskraft anderen Vertrauen schenken kann. Zuerst also an sich selbst, am Selbstvertrauen arbeiten, um:

Nicht nur Vertrauen einzufordern, sondern zuerst einmal Vertrauen geben zu können.

Daran erkennt man die wahrlich authentische Führungskraft wohl am allerbesten.

5. Mit Selbstdisziplin endlich konsequent handeln!

Hören wir von Selbstdisziplin, so verbinden wir das häufig mit Härte, Enthaltsamkeit und Verzicht. Mönche, Marines und Marathonläufer tauchen vor unserem geistigen Auge auf – und damit entschwebt uns die Selbstdisziplin sogleich in die unerreichbaren Sphären von Ausnahme-Menschen. Doch gemach! Ich werde hier nun nicht der Selbstkasteiung das Wort reden. Ich gehe ganz pragmatisch vor und nehme das

„Leadership-Paradoxon" von Goleman (Sie erinnern sich noch? Kapitel IV/3 a) als Ausgangspunkt: Führung beginnt zuerst einmal bei jedem von uns selbst.

Sie wollen klare Strukturen um sich herum? Dann brauchen Sie diese zuerst einmal in Ihrem Denken. Sie wollen ein klar an den Zielvorgaben ausgerichtetes Handeln Ihrer Mitarbeiter? Dann brauchen Sie zuerst mal die notwendige Entschlossenheit. Damit haben wir bereits zwei für die Führungsarbeit relevante Ausprägungen der Selbstdisziplin – die Selbstkontrolle und die Entschlossenheit -, die wir im Folgenden näher betrachten wollen.

Disziplin (von lateinisch disciplina ‚Lehre', ‚Zucht', ‚Schule') hat etwas mit Regeln und Richtlinien zu tun. An denen man sein Verhalten ausrichtet. Die man unter allen Umständen einhält, mögen die Verhältnisse noch so widrig sein. Bei der Selbstdisziplin also hält man sich an selbst gesetzte Regeln, man diszipliniert sich selbst mit einem Regelwerk – ob bewusst oder unbewusst, ob ethisch, ökonomisch, religiös oder praktisch – das alles gehört sicherlich zur Selbstdisziplin. Doch wir beginnen noch einen Schritt vorher, indem wir nicht nur fragen, ob wir unseren Regeln entsprechend handeln, sondern ob wir schon unseren Regeln entsprechend denken. Denn wie Sie denken, so handeln Sie auch. Denken Sie undiszipliniert, dann wird Ihnen diszipliniertes Handeln schwerfallen. Haben Sie Ihre Gedanken (und Gefühle) nicht unter Kontrolle, dann werden Sie auch schwerlich Ihr Handeln kontrollieren können.

Selbstdisziplin beginnt also bei der Kontrolle und Regulierung Ihrer Gedanken und Gefühle.

Doch wie? Darauf sind wir bereits im Kapitel über die ZEN-Meditation eingegangen. Das „Sitzen in Kraft und Stille" ist im Grunde genommen die hohe Schule der Selbstdisziplinierung. Hier werden der Geist und die Gedanken nicht nur beruhigt, nein, hier lernt man, den Geist und die Gedanken zu kontrollieren. Nicht unstet in Raum und Zeit umher schweifen zu lassen. Vermeiden immer woanders, aber nie im „Hier" zu sein, immer in der Vergangenheit oder in der Zukunft, aber nie im „Jetzt" zu sein.
Versuchen Sie's! Setzen Sie sich aufrecht hin und denken Sie einfach mal – nichts! Wie lange gelingt Ihnen das? 10 Sekunden, 20 Sekunden

– oder, wie vermutlich bei den meisten von Ihnen, keine 5 Sekunden? Denn dann sind Sie wieder da, die Gedanken, was Sie als nächstes tun werden, was Sie vorhin, gestern oder im Büro getan haben – und Sie sind in Gedanken wieder überall, nur nicht im Moment, nur nicht im Hier und Jetzt. Die erste Regel der Selbstdisziplin lautet also: Beginnen Sie mit dem Training Ihres Geistes und disziplinieren Sie Ihre Gedanken. Das hilft Ihnen nicht nur, sich im Augenblick zu verankern, sondern verschafft Ihnen auch einen klaren Blick für das Wesentliche. Und hilft, Ihr Handeln und Ihre Umgebung ebenso klar zu strukturieren, wie das Ihr Geist bereits ist.

Insbesondere bei der Leitung von Sitzungen kann Ihnen das von Nutzen sein. Aus meiner Erfahrung heraus schätze ich, dass der Wirkungsgrad von Sitzungen bei nicht mehr als 30% liegt, eher darunter. Eine ungeheure Verschwendung von Zeit und Ressourcen also, und das tagtäglich inmitten Ihres Unternehmens! Und nicht wenig davon geht auf das Konto von Undiszipliniertheit. Die des Sitzungsleiters zuallererst. Na klar, wenn dieser schon seine Gedanken nicht unter Kontrolle hat, wie will er dann den Verlauf, den Inhalt der Sitzung kontrollieren? Das kennen Sie bestimmt: da wird kreuz und quer diskutiert, jeder meint, auf jeden Fall noch seinen Gedanken unterbringen zu müssen, ob das nun zum Ergebnis beiträgt oder nicht. Dann schweift das ganze Gespräch auch noch auf Randthemen ab, hängt sich fest, immer neue Themen werden entdeckt, der Sitzungsleiter diskutiert munter mit – und das Ziel der Sitzung rückt in weite Ferne. Was tun also? Die vorherige Bestimmung der Zielsetzung, die Erstellung einer Tagesordnung etc. sind Selbstverständlichkeiten.

Aber versuchen wenigstens Sie, vor der Sitzung Ihren Geist, Ihre Gedanken zu disziplinieren.

Setzen Sie sich vor der Sitzung aufrecht hin und leeren Sie Ihren Geist. Denken Sie an nichts, beobachten Sie Ihren Atem – mehr nicht. Vergessen Sie die Tagesordnung, die Themen, die Teilnehmer – alles. Und dann gehen Sie in die Sitzung. Mit einem disziplinierten Geist (Anmerkung: das funktioniert in dieser Kürze allerdings nur dann, wenn Sie Ihren Geist durch regelmäßiges Meditieren bereits trainiert und diszipliniert haben).
Doch das Kapitel Selbstdisziplin ist damit noch nicht erschöpft. Selbstdisziplin benötigen wir auch, um einen einmal gewählten

Weg auch durchzuhalten, mit anderen Worten, um entschlossen zu handeln. Ich denke nicht, dass ich Ihnen Beispiele bringen muss von Menschen mit hehren Zielen, großen Vorhaben und noch größeren Vorsätzen. Von denen dann letztlich gerade mal ein Bruchteil auch realisiert wird. Oder von Mitarbeitern und Kollegen, die dieses oder jenes Projekt endlich in Angriff nehmen wollen – und Ihnen monate- oder jahrelang davon erzählen, wie sie das zu tun gedenken. Oder von Ihnen selbst? Wann endlich machen Sie ernst mit kürzeren Arbeitszeiten? Wären Sie dazu entschlossen gewesen – das gilt für alle genannten Beispiele – dann wären die Vorhaben keine Wunschvorstellungen mehr, sondern bereits realisierte Wirklichkeit. Für die dazu notwendige Entschlossenheit benötigen Sie ein hohes Maß an Selbstbeherrschung. Nicht gleich vor jedem noch so kleinen Hindernis kapitulieren, nicht gleich jede noch so gute Ausrede akzeptieren, nicht immer gleich nach Gründen zu suchen, warum das nicht geht. Sondern den einmal gewählten Entschluss ohne Zögern, mit Nachdruck und unbeirrt umzusetzen.

Doch dazu muss die Entschlossenheit aus den Tiefen Ihres Selbst kommen.

Aus Ihrer Mitte heraus und in Ihrer Mitte verankert sein. Selbstbeherrschte Entschlossenheit heißt also „that one's words are spoken from the inner voice and one's deeds reflect inner purpose and values" (Sparrowe, R.T., 2005, S. 422). Denken sie noch einmal durch wie Haltung entsteht (siehe Kapitel IV/1 b): aus dem Dialog zwischen dem „Ich" und dem „Selbst". Das bloße „Wollen" entspringt auf der Ebene des „Ich" – es heißt ja auch „ich will". Die Entschlossenheit dagegen kommt aus dem „Selbst" – deshalb heißt es ja auch „ich *bin* entschlossen". Die authentische Führungskraft also handelt entschlossen – weil Sie in der Lage ist, sich selbst zu disziplinieren. Oder um das noch prägnanter mit Lao Tse auszudrücken: „Der starke Mensch ist der, der sich selbst besser als jeden anderen besiegen könnte".

Nun aber stellen wir auch hier wieder die Frage: was hat das mit unserem Führungsalltag zu tun? Selbstdisziplin und Entschlossenheit kann ein jeder gebrauchen, die Führungskraft vielleicht ein wenig mehr davon als andere. Warum haben wir die Selbstdisziplin in den Rang der Haltung einer Führungskraft erhoben? Und damit als essentiell für authentisches Führungshandeln gemacht?

Weil die Führungskraft ohne Selbstdisziplin keine Konsequenz vorleben kann

und konsequentes Handeln die Grundvoraussetzung für die Wirksamkeit von Führung ist. Klingt wieder einfach – wo wir uns Führungskräfte doch so gerne unseres konsequenten Handelns rühmen. Doch anders die Wirklichkeit: ich habe im Laufe meiner Berufstätigkeit mehr konsequenzenlose Unternehmen (und Führungskräfte) getroffen als solche, in denen Konsequenz jeden Tag spürbar war. Was ist damit gemeint? Schlicht und einfach die Tatsache, dass Zielverfehlungen ohne Folgen bleiben, dass Projektverzögerungen nicht geahndet werden, nicht eingehaltene Abmachungen folgenlos bleiben, dass Verantwortlichkeiten nicht eingefordert werden, regelwidrige Verhaltensweisen ungetadelt bleiben und so weiter und so fort. Die Liste ließe sich beliebig verlängern. Häufig nicht mal klare Worte! Weil man zu feige ist (sehr häufig der Fall), weil man „jetzt keine Auseinandersetzung brauchen kann" (immerhin eine Ausrede), weil „der Mitarbeiter das ja ohnehin wissen müsste" (eine ganz listige Ausrede), weil „das ja nicht so schlimm ist" (so definiert man das Problem weg), weil „man sich jetzt nicht darum kümmern kann und es wichtigere Dinge gibt" (die anspruchsvollere Variante des Wegdefinierens). Unglaublich erfinderisch sind Führungskräfte, wenn es darum geht, Konsequenzen zu umgehen. Macht das Leben aber angenehmer – meinen Sie? Kurzfristig vielleicht ja – aber

die Wirksamkeit der Führungskraft schrumpft mit jeder Inkonsequenz.

Warum das so ist? „Leaders are constantly watched for what others believe is the right thing to do" (Avolio B., Luthans F., 2006, S. 95). Inkonsequenz fördert und ermutigt weitere Inkonsequenz. Kann ein Ziel folgenlos verfehlt, ein Projekt folgenlos verzögert werden, dann gibt es für die Mitarbeiter und Kollegen doch nur einen Schluss: das kann ich auch! Und damit wird die nächste Absprache, die nächste Zielvereinbarung, die nächste Projektvereinbarung schon nicht mehr für bare Münze genommen. Ihr Auftritt als Führungskraft übrigens auch nicht – nur dass Sie sich da mal nicht täuschen! Ernste Miene und markige Worte helfen an diesem Punkt dann nicht mehr weiter – Ihre Glaubwürdigkeit und Wirksamkeit schwinden unaufhaltsam.

Daher: mit Selbstdisziplin die Grundlage für konsistentes und konsequentes Handeln schaffen – und dann diese Konsequenz im Führungsalltag bei jeder Gelegenheit zeigen und leben. „Consistency is the result of self-awareness and self-regulation working in concert: authentic leaders are effective in leading others because followers look for consistency between their leaders' true selves – as expressed in values, purpose, or voice – and their behaviours" (Sparrowe, R.T., 2005, S. 423) Aus dem Selbst heraus – authentisch – als Vorbild leben, genau das erwarten Ihre Mitarbeiter und Kollegen von Ihnen. Zeigen Sie also Haltung – mit Selbstdisziplin und Konsequenz!

6. Sinn finden heißt Sinn (weiter-) geben können!

Die authentische Führungskraft – so haben wir bis hierher gesehen – lebt achtsam, ist in der Lage Vertrauen und Wertschätzung zu geben und handelt konsequent. Wie passt nun „Sinn" in dieses Gefüge an Haltungen? Muss die Führungskraft zum Sinn-Stifter werden, indem sie Mitarbeiter und Kollegen an die großen Sinn-Fragen des Lebens heranführt? Muss ich jetzt auch noch einen Kurs in Philosophie buchen, könnte Ihnen nun durch den Kopf schießen? Damit Sie jederzeit von Konfuzius bis Kierkegaard zitieren können, wenn die Sinn-Frage im Unternehmen aufscheint? Grundsätzlich würde ich Ihnen zwar von der Beschäftigung mit der Philosophie nicht abraten, aber hier beschäftigen wir uns dann doch mit einer anderen Sichtweise von „Sinn". Die in Ihrem Führungsalltag unmittelbar eine Rolle spielt – auch wenn Sie das häufig nicht wahrnehmen.

Wir wollen „Sinn" hier ganz einfach und pragmatisch als das Verständnis für Zusammenhänge bezeichnen. Und zwar um die Zusammenhänge zwischen all den Sachverhalten, auf die wir im Unternehmensalltag ständig stoßen: Mitarbeiter, Gruppen, Abteilungen, Produkte, Büros, Bilanzen, Kunden, Hierarchien, Sitzungen, Prozesse und so weiter. Das alles muss ja miteinander verbunden sein, muss ja ineinander greifen, damit so etwas wie ein Unternehmen überhaupt entsteht und arbeitsfähig ist. Der Soziologe sieht hierbei das Unternehmen als ein Netzwerk von Sinnzusammenhängen. Niklas Luhmann spricht gar von einem „Sinnzwang", der allen Organisationen auferlegt sei (Luhmann, N., 1984, S.95). Was ist damit gemeint? Nun, ganz einfach. Wie alle Menschen, so haben auch die im Unternehmen Mitwirkenden das

Bedürfnis nach Ordnung und Regelmäßigkeit. Nicht im Sinne aufgeräumter und übersichtlicher Büros und Flure. Nein, im Sinne von verständlichen Beziehungen zwischen den Dingen, die sie wahrnehmen. Wir möchten immer einen klaren Zusammenhang, eine Erklärung dafür haben, warum das so und so ist.

Nur mit Zufällen und Bedeutungslosigkeit könnten wir nicht leben. Wo würden wir da denn Orientierung finden? Wir brauchen Zusammenhänge, Sinnzusammenhänge eben. „Der Bonus wurde gekürzt, weil die Ziele nicht erreicht wurden", wäre so ein (Sinn-)Zusammenhang. „Der Urlaub entfällt dieses Jahr ohne Begründung", würde uns nicht nur in eine Erholungs-, sondern auch in eine Sinnkrise stürzen. Wir wüssten ja nicht mehr, woran wir sind. Aber eben darum geht es bei der Sinnvermittlung im hier verstandenen Sinne: deutlich zu machen, wie das alles im Unternehmen zusammenhängt. Um – und genau das ist die Hauptaufgabe einer Führungskraft –

das Unternehmen auch in den Köpfen aller Beteiligten entstehen zu lassen.

Klingt zunächst einmal einfach. Arbeitsanweisungen, Aufgaben, Projekte müssen eben erklärt werden. Das werden ja die meisten Führungskräfte wohl so tun, werden Sie nun sagen. Richtig, aber wie viele Führungskräfte kümmern sich dann auch noch darum, ob das Gesagte auch im gemeinten Sinne verstanden wurde (ein sehr häufiger Führungsfehler). Und ob das Umfeld oder der Kontext auch in der gleichen Weise interpretiert wird, wie das die Führungskraft tut? Den Sinn des Ganzen erläutern?

In einem Unternehmen wurde ein Kreis an Top-Führungskräften unterhalb der Vorstandsebene eingerichtet. Der Vorstand sollte in strategischen Fragestellungen unterstützt werden. So weit, so gut. Oder auch nicht. Denn zentrale Fragen und Zusammenhänge blieben, auch noch Monate nach dem „Kick-Off", unbeantwortet: Warum ist das kein in der Hierarchie verankertes Gremium? Welches sind die Auswahlkriterien für die Zugehörigkeit für diese Runde? Einige der Geschäftsleiter und Bereichsleiter des Konzerns waren nicht eingeladen, doch keiner wusste warum? Welche strategischen Überlegungen hat der Vorstand? Sollten die kritisch beleuchtet werden oder nur als Ausgangspunkt dienen? Dazu müsste man diese aber kennen? Kurz: die Einbindung in den Gesamtzusammenhang, der Sinn des Ganzen, erschloss sich keinem der Beteiligten. Es fehlte zwar nicht an Anweisungen und Aufforderungen, es fehlte schlicht und einfach die Vermittlung des Sinns. Und aus diesem Grund war die Angelegenheit auch bereits nach einigen Monaten fruchtloser Diskussionen und lähmender Arbeitssitzungen wieder gestorben.

Unternehmen sind das „what we imagine them to be" – so bringen es die amerikanischen Management-Forscher Deal/Kennedy auf den Punkt (Deal, T., Kennedy, A., 1988). Das was wir uns – und unsere Kollegen, Mitarbeiter, Eigentümer, Kunden – darunter vorstellen, das ist das Unternehmen. Und diese Vorstellungen müssen täglich neu geformt, ausgebessert, erweitert werden. Die Wirklichkeit wird jeden Tag neu konstruiert, ob wir das wollen oder nicht. Und als Führungskraft sind wir im besonderen Maße gefordert, die Wirklichkeit für unsere Mitarbeiter, unsere Kollegen und die Stakeholder zu interpretieren. Wir werden das im nächsten Teil noch näher beleuchten, denn über die Sinnvermittlung gestaltet die Führungskraft die Kultur im Unternehmen. Und macht damit ihre Führungsarbeit nachhaltig wirksam. Doch bis dahin bitte noch etwas Geduld, bleiben wir zunächst noch ein wenig bei der Sinnvermittlung.

Sie alle kennen die unterschiedliche Leistungsfähigkeit von Arbeitsteams oder Abteilungen. Manche sind einfach „schlagkräftiger" als andere, liefern in kurzer Zeit die besseren Resultate und brauchen dazu kaum Eingriffe seitens der Leitung. Kann natürlich daran liegen, dass dort auch die besten Leute versammelt sind. Richtig. Aber ein anderer Faktor ist mindestens ebenso wichtig für den Erfolg dieser Teams: die Mitglieder von erfolgreichen Teams haben – auf neudeutsch – den gleichen „Mind-Set". Sie denken gleich, interpretieren die Anforderungen in der gleichen Art und Weise, brauchen sich daher nicht lange abzustimmen, sind sich alle in gleicher Weise über die Ziele und Zusammenhänge vollständig im Klaren. Kurzum: sie haben das gleiche Sinn-System. Das macht sie effizient und schlagkräftig.

Doch das Sinn-System, der geistige Rahmen, fällt nicht vom Himmel. Der Führungskraft kommt hier die ganz entscheidende Rolle zu. Denn: „Leadership is ... constructing meaning and purpose." (Sinclair, A., 2007, S. XIX). Sie delegiert nicht nur, sie gibt nicht nur knappe Anweisungen (ganz in Mode heute, aber ungeheuer kontraproduktiv: per e-mail) was zu tun ist. Nein, die authentische und wirksame Führungskraft nimmt sich Zeit, stellt Zusammenhänge dar, erläutert Sinn, Hintergrund und Zweck. Versucht zu überzeugen, nicht zu überreden. Formt damit die Vorstellungen der Beteiligten in einheitlicher Weise (das eben ist mit „constructing meaning" gemeint). Und gewährleistet somit eine gleiche Interpretation und Deutung der Wirklichkeit durch alle Beteiligten. Das ist eine Aufgabe, die Führungskräfte beim Delegieren gerne vergessen. Denn es kostet nicht nur Zeit, man muss sich auch mit den Mitarbeitern intensiv auseinander setzen. Und so gilt:

„Wer mehr Leistung fordert, muss Sinn bieten" (W. Böckmann),

so hieß es schon vor vielen Jahren aus der St. Gallener Management-Schule (in: Bleicher, K., 1992, S. 68). Der Sinn-Zusammenhang ist das Bindemittel, das letztlich dafür sorgt, dass alle Beteiligten in gleicher Art und Weise wissen, warum sie was tun. Und deshalb als starkes Team an einem Strang ziehen.

Müßig zu betonen, dass, um in der Sinnvermittlung authentisch zu sein, die Führungskraft bereits in sich selbst schon Sinn gefunden haben sollte. Der –inzwischen verstorbene – Jesuitenpater Rupert Lay dazu: „Weise ist, wie gesagt, ein Mensch, der über ein entwickeltes und verinnerlichtes Lebenswissen zu den Grundfragen menschlicher Existenz verfügt und dieses Wissen im Urteilen und Handeln für sich und andere praktisch macht. ... Der weise Mensch hat die Antwort auf die Frage nach dem Lebenssinn gefunden und richtet an dieser Antwort sein Leben aus" (Lay, R., 1992, S. 78).

Weise also ist sie, die authentische Führungskraft. Das wäre nun fast schon so etwas wie ein Schlusssatz in unseren Betrachtungen. Aber lassen Sie uns kurz innehalten. Um zu sehen, wie wir bis zu diesem Punkt gekommen sind. Und wohin wir noch gehen werden.

Ausgangspunkt war die Frage, wie wir als Führungskräfte wirksamer führen können. Wir kamen über die Selbstführung – vor allem durch Reflektieren – zunächst zur Haltung. Wir hatten festgestellt, dass wir immer dann ein „stimmiges" Bild von uns geben, wenn die innere Haltung und die äußere Haltung übereinstimmen. Die Entwicklung von Haltung also ist entscheidend, so können wir aus uns selbst heraus, aus unserer Mitte heraus führen. Fünf grundlegende Haltungen bieten der authentischen Führung ein felsenfestes und zuverlässiges

Fundament. Ergebnis: wir sind als Führungskraft wirksamer, wenn wir Haltung zeigen, wenn wir also authentisch sind.

Damit könnten wir uns nun schon zufrieden geben. Sollten wir aber nicht. Denn als Führungskräfte müssen wir auf lange Sicht denken. Und uns daher fragen: wie gelingt es uns, unsere Führungshandschrift im Unternehmen dauerhaft einzugravieren? So dass unsere Führung auch nachhaltig wirksam ist. Wo ansetzen? Was ist da zu gestalten? Ähnlich wie bei der authentischen Persönlichkeit, die Haltung entwickelt und pflegt, so entwickelt auch ein Unternehmen Haltung. Nur dass wir diese als Unternehmenskultur bezeichnen. Und genau hier kann die Führungskraft ihre Führung nachhaltig wirksam verankern. Hier können Sie dem Unternehmen Ihren ganz persönlichen Stempel aufdrücken. Indem Sie über die Gestaltung der Führungskultur Einfluss nehmen auf die Unternehmenskultur als Ganzes. Auf die Art und Weise also, wie Ihr Unternehmen sich selbst versteht, wie es sich den Mitarbeitern und Stakeholdern zeigt, wie es sich nach innen und außen präsentiert. Die Gestaltung der Führungskultur ist damit die wesentlichste Aufgabe einer Führungskraft. Und damit wollen wir uns im nächsten Kapitel beschäftigen.

Zeit zum Gestalten

Kapitel VI

Wie man nachhaltig wirksam führen kann

1. „It's the culture, stupid" – Die Führungskultur muss in den Fokus

Da wird schnell abgewinkt! „Kultur? Hier bei uns? – Lassen Sie mich doch damit in Ruhe! Wir müssen Personal abbauen und Prozesse verändern, was sollen wir da mit Kultur?", so hörte ich, als ich vor Jahren in einem Strategie-Meeting beim Thema „Change" auf die Unternehmenskultur zu sprechen kam. Und unausgesprochen hing in der Luft, was bei vielen Unternehmenslenkern und Top-Führungskräften noch immer zu den Grundüberzeugungen zählt: „Unternehmenskultur ist was für Softies". Das Thema wird daher auch gerne ins Marketing oder in die Kommunikationsabteilung abgeschoben (bitte deren Vertreter um Nachsicht), um dort letztlich reduziert auf Logos und Sinnsprüche im Rahmen einer „Corporate Identity" langsam dahinzuscheiden. So aber bitte nicht! Denn auf die Frage, wie die Führung im Unternehmen denn nachhaltig wirksam sein könne, kann ich jeder Führungskraft (ob „Top" oder drunter) nur zurufen: „It's the culture, stupid!".

Ihr skeptischer Blick zeigt, dass Sie sich mit der Abwandlung des gern zitierten Clinton-Zitates aus dessen 1992er Wahlkampf noch nicht haben überzeugen lassen. Warum soll die Unternehmenskultur – und speziell die Führungskultur – denn so wichtig sein? Leistet sie einen Beitrag zum Unternehmenserfolg, so wie wir das beispielsweise von der Produkt-Strategie oder von der Organisationsstruktur fast wie selbstverständlich annehmen? Oder „leistet" man sich Unternehmenskultur vor allem in guten Zeiten? Und was hat das überhaupt mit unserem Thema, der authentischen Führung zu tun? Jedoch zuallererst: was ist das überhaupt, die Unternehmenskultur?

Denken Sie an Ihren ersten Arbeitstag in einer neuen Firma. Ob – wie vor vielen Jahren – als Auszubildender oder – heute – als Führungskraft, die am meisten gestellte Frage der ersten Tage ist: wie meint er das? Wie meinen die das? Einer Ihrer Mitarbeiter erzählt von der Vertriebserfolgen im letzten Jahr. Sie fragen: der Umsatz pro Verkäufer ist also gestiegen? Er: nein, aber wir haben auf unseren Veranstaltungen sehr viele Kunden erreicht und immer ein positives Feedback erhalten. Ein anderer Mitarbeiter erzählt vom prima Zusammenhalt in der Firma. Sie fragen: es ziehen also alle an einem Strang und jeder kennt das Unternehmensziel und hat eine Zielvereinbarung. Er: nein, wir gehen sehr häufig mit unseren Chefs auf ein Bier und die Betriebsausflüge und –abende sind immer ein besonderes Vergnügen. Was passiert hier? Es werden – so formulieren es die Soziologen – Bedeutungsinhalte abgeglichen. Beide Seiten versuchen, die Bedeutung zu erfassen, die der andere dem Sachverhalt zumisst.

Da geht es nicht um Definitionen, sondern um Bedeutungen im wahrsten Sinne des Worts: welche Bedeutung hat für die Mitarbeiter der Kunde, der Umsatz, der Ertrag. Welche Bedeutung haben Zielvereinbarungen und Bierabende? Nichts im Unternehmen hat von vornherein eine bestimmte Bedeutung. Bedeutungen werden geschaffen, im ständigen persönlichen Austausch – ob Sie das wollen oder nicht.

Wenn es heißt: „Das ist so, daran darf nicht gerüttelt, daran darf nichts verändert werden" und Sie Ihren Mitarbeitern die Entscheidungen des obersten Konzernvorstandes in dieser Art und Weise mittteilen, dann verleihen Sie dem Gremium eine sakrosankte Bedeutung: ja nicht kritisieren, Achtung: unfehlbar! Vielleicht hat Ihre Stimme dabei noch einen ehrfürchtigen Unterton, Ihre Haltung noch etwas Devotes – und schon nach kurzer Zeit werden Ihre Mitarbeiter dem Konzernvorstand jene Bedeutung zumessen, die Sie ausstrahlen, wenn Sie von diesem Gremium sprechen.

Wenn wir also wesentlichen Sachverhalten, Ereignissen, Personen, Räumlichkeiten gleiche Bedeutungen zumessen, wenn wir also die Bedeutungsinhalte teilen („shared meanings", sagen die Amerikaner), dann beginnen wir in einer gemeinsamen Unternehmenskultur zu leben.

Unternehmenskultur sind die gemeinsam geteilten Bedeutungen, Erfahrungen, Grundannahmen, Alltagstheorien der Mitarbeiter und Stakeholder eines Unternehmens.

Oder kurz gesagt: all das, was für alle Beteiligten im Unternehmen selbstverständlich ist. Ist es selbstverständlich, dass man für einen Kunden alles stehen und liegen lässt, dann kann eine Kunden-Kultur vorliegen. Ist es dagegen in der Abteilung ganz selbstverständlich, den Kunden zuerst mal warten zu lassen („immer eins nach dem anderen, jetzt machen wir zuerst mal die Inventur fertig"), dann kann womöglich eine Bürokratie-Kultur entstanden sein. Beiden liegt eine bestimmt Sicht des Kunden zugrunde, die alle teilen, bei der sich keiner mehr fragt, was dahinter steckt („selbstverständlich"). Doch beide Abteilungen oder Unternehmungen reagieren grundverschieden. Und Mitarbeiter und Führungskräfte halten das jeweils für „normal". „So sind wir eben".

Unternehmenskultur ist gewissermaßen die Software, die das Unternehmen von oben bis unten durchdringt. Ob Sie das wollen oder nicht: genauso wie es unmöglich ist, einen PC ohne ein Betriebssystem zu betreiben, genauso unmöglich ist es, keine Unternehmenskultur zu haben – die Frage ist nur, ob die vorliegende so gewollt ist und mit den Unternehmenszielen übereinstimmt.

Der Begriff „gemeinsam geteilt" in der obigen Definition erhielt jüngst durch neue Erkenntnisse in der Neuro-Biologie eine gänzlich neue Sichtweise und zugleich Bestätigung. Bei der Analyse von Vorgängen im menschlichen Gehirn stießen italienische Verhaltensbiologen auf die sogenannten „Spiegel-Neuronen". Das sind Nervenzellen im Gehirn, die dann aktiv werden, wenn wir mit Menschen kommunizieren. Und zwar dergestalt, dass sie die Emotionen des Anderen spiegelbildlich abbilden. „When we consciously or unconsciously detect someone else's emotions through their actions, our mirror neurons reproduce those emotions. Collectively, these neurons create an instant sense of shared experience" (Goleman, D., Boyatzis R., 2008, S. 76). Das könnte – aus neurobiologischer Sicht – die Bedeutung der Empathie für den Erfolg von Führungskräften erklären:

empathischen Führungskräften wird es besser gelingen, gemeinsam geteilte Bedeutungen und Erfahrungen, also Unternehmenskultur herzustellen.

Zumindest besser als solchen, die nicht oder kaum über eine derartige soziale Kompetenz verfügen. Hier beginnt sich eine völlig neue Perspektive für die Entstehung von Unternehmenskultur abzuzeichnen.

Eine Ähnlichkeit dürfte Ihnen bestimmt schon aufgefallen sein. Nämlich die Ähnlichkeit zu unserer Definition von Haltung (Kap. IV/1b). Dort hatten wir die Haltung als unsere eigene Einstellung zu unseren grundlegenden Persönlichkeitsmerkmalen geschildert. Hier nun haben wir die (gemeinsam geteilten) Einstellungen der Stakeholder zu den grundlegenden Ausprägungen des Unternehmens. Unternehmenskultur ist also nichts anderes als die Haltung des Unternehmens, genauer gesagt, die Haltung der Angehörigen des Unternehmens. Insoweit diese einen gemeinsamen Nenner haben, eine bestimmte Haltung eben gemeinsam miteinander teilen.

Gut, Sie haben verstanden, was Unternehmenskultur ist. Als Manager fragen Sie natürlich nun sofort, welchen Ergebnisbeitrag die Unternehmenskultur denn leistet. Warum überhaupt sollten Sie sich damit beschäftigen – und vor allem als Führungskraft darauf gar Ihr Hauptaugenmerk richten? Die Antwort ist einfach:

eine starke Unternehmenskultur erhöht die Wirksamkeit Ihrer Führungsarbeit,

zum anderen hilft Sie Ihnen, Ihre Zielsetzungen und Ansprüche nachhaltig im Unternehmen zu verankern. Beleuchten wir zunächst den Bezug zur Wirksamkeit Ihrer Führungsarbeit.

Schon an früherer Stelle hatten wir gesehen, dass Ihre Führungsarbeit dann wirksam ist, wenn Ihr Einsatz als Führungskraft dazu beiträgt, dass die Mitarbeiter (und stakeholder) ihre Potenziale besser ausschöpfen können. Wenn Sie also die Bedingungen und Beziehungen im Unternehmen so gestalten, dass Ihre Mitarbeiter sich besser entfalten und damit produktiver werden können. Was hierzu beitragen kann, hatten wir bei den fünf Haltungen einer authentischen Führungskraft schon gehört. Dazu gehört beispielsweise, dass Sie Ihren

Mitarbeitern ein angstfreies und berechenbares Umfeld verschaffen. Diese werden sich dann auch mit Begeisterung einsetzen. Eine gute Portion Lockerheit und Humor gehören ebenfalls dazu, woher denn sonst sollen „Drive" und die guten Ideen kommen? Wie anders als durch Überzeugung wollen Sie die Mitarbeiter denn hinter sich bekommen – durch das Überzeugen in persönlichen Gesprächen und vor allem durch authentisches Handeln?

Sie werden dann wirksam sein, wenn es Ihnen gelingt, die Potenziale Ihrer Mitarbeiter zu erschließen. Da Sie als Führungskraft allerdings selten alleine agieren – zumeist sind Sie Teil des Vorstandes oder der ersten Führungsebene -, muss es Ihnen gelingen, Ihr Umfeld so zu prägen, dass auch ohne Ihre direkte Anweisung alle an einem Strang ziehen, alle in die gleiche Richtung laufen. Sie müssen also die Führungskultur gestalten! In der sich alle über die Bedeutungen der Erscheinungen im Klaren sind. Damit erzeugen Sie nicht nur eine Richtung im Unternehmen, sondern viel mehr darüber hinaus: "...shared meanings provide organizational participants with a sense of belonging and identity" (Pfeffer, J., 1982, S. 13). Sie stärken die Identifikation und das Zugehörigkeitsgefühl Ihrer Mitarbeiter, was deren Einsatzfreude im gleichen Maße erhöht. Wie Ihnen das gelingen kann, das werden wir im nächsten Kapitel beleuchten.

Hier geht es zunächst einmal nur darum, die Wirkungen der Unternehmenskultur auf Ihre Führungsarbeit aufzuzeigen. Ist es Ihnen gelungen, Ihre Kernbotschaften so in Ihrem Umfeld zu verankern, dass Sie von allen ganz selbstverständlich gelebt werden, dann können Sie Ihren Arbeitseinsatz sehr schnell reduzieren. Ausufernde, sich immer wiederholende Erläuterungen und Erklärungen werden sich ebenso erübrigen wie pausenloser Sitzungsmarathon und das Nachrennen um die richtigen Informationen: „Through transparency in their culture, leaders are in charge of creating the conditions to learn what they don't know" (Avolio, Luthans, High Impact..., S. 135). Haben Sie Ihre Überzeugungen, Ihre Vorstellungen, Ihren Führungsstil als wesentlichen Teil der Unternehmenskultur bei sich im Unternehmen verankert, dann wachsen Ihnen die richtigen Informationen ganz automatisch zu.

In einer starken Unternehmenskultur wissen Ihre Mitarbeiter automatisch, was Sie brauchen,

auch ohne Ihre Aufforderung. Eine starke und konsistente Unternehmenskultur bietet den Beteiligten auch eine Präferenzordnung von Werten. So muss dann nicht in jeder Entscheidungssituation neu nach Orientierungen gesucht werden. „Man weiß, was zu tun ist“, braucht dazu kaum Anweisungen und nur ein Minimum an Regeln.

Ein kleines Unternehmen der Fahrzeugindustrie geriet unversehens mit angeblichen Qualitätsmängeln in die Schlagzeilen der Morgen-Presse. Noch bevor im Unternehmen gegen Mittag die erste Krisensitzung anberaumt war, hatten die Kunden- und Produktbetreuer bereits einen Argumentations-Leitfaden, eine Kundenliste nach Prioritäten mit Ansprechpartnern sowie einen Aktions- und Kommunikationsplan erstellt. Erste Gespräche mit den wichtigsten Kunden waren bereits geführt. Die hohe Produktqualität war der Kern der Unternehmenskultur. Daher gab es kein Zögern, kein Warten auf den Chef. Die Message war klar: „ Die Qualität unserer Produkte steht nicht zur Diskussion. Sollten Fehler passiert sein, werden wir eben noch besser!“. Und dazu bedurfte es keines Vorstandsschreibens, keines Krisen-Argumentationsplanes. Einfach nur die feste und von allen geteilte Überzeugung hinsichtlich der Qualität der Arbeit.

Je stärker also die Kultur, desto weniger Regeln, desto weniger an internen Abstimmungsprozessen

braucht es. Desto schneller und einheitlicher kann agiert werden. Und hier liegt dann auch der Vorteil für Sie: mit weniger Aufwand kann es Ihnen gelingen, die Potenziale Ihrer Mitarbeiter „auf die Straße zu bringen“. Die laufen los, da sind Sie noch am Nachdenken. Wie Sie dahin kommen können, das werden wir im nächsten Kapitel behandeln.

Betrachten wir zuvor jedoch ein weiteres Ergebnis, das eine starke Unternehmenskultur für Ihre Führungsarbeit bringen kann. Führen Sie konsequent und authentisch, dann werden Ihre Mitarbeiter sehr schnell nicht nur die Bedeutungen verstehen, sondern diese auch systematisch anwenden. Und sobald Ihre Haltung, Ihre Überzeugungen zum selbstverständlichen Teil des Arbeitsalltags Ihrer Mitarbeiter geworden sind, haben Sie Ihre Führungsarbeit nachhaltig im Unternehmen verankert. Denken Sie hier an den prägenden Einfluss der großen Gründer-Persönlichkeiten. Noch lange Jahre nach deren Ausscheiden aus der aktiven Unternehmensführung oder gar nach deren Tod lebte die Kultur des Gründers weiter. Gottlieb Daimler und Karl Benz etwa verankerten ihr Prinzip „Das Beste oder gar nichts“ so tief im Unternehmen, dass mit dem „Geist von Sindelfingen“ noch bis in unsere Zeit der Qualitätsanspruch in der Produktion der Autos ausgedrückt wurde. Die Führungsarbeit der Gründer war also nachhaltig wirksam. Wir dürfen getrost annehmen, dass sich Gottlieb Daimler oder Karl Benz kaum Gedanken um die Unternehmenskultur machten. Sie prägten in erster Linie durch Ihre überragenden Persönlichkeiten. Aber auch, indem sie ihre Linie, ihre Ansprüche, ihre Vorstellungen kompromisslos, eindeutig und systematisch durchhielten und somit im Unternehmen verankerten. Jeder wusste, wofür der Chef steht, welche Haltung er hat.

„Adolph Ochs, Gründer der New York Times, saß mit starren Blicken ruhig in einer Sitzung von Times-Redakteuren, die sich selbst zur hervorragenden Reportage einer großen Story beglückwünschten, berichtet der Autor Gay Talese, ein früherer Times Reporter. ‚Plötzlich brachte sie Ochs zum Schweigen, indem er sagte, er hätte in einer anderen Zeitung ein Faktum gelesen, das in der Times-Berichterstattung offenbar fehlte.‘ ‚I want it all‘ (‚ich will alles!‘) machte er ihnen klar.“ (Neuberger, O., Kompa, A., 1987, S. 91). Und genau das ist, was wir hier unter der Prägung der Unternehmenskultur verstehen wollen: Prägung durch Persönlichkeit, durch ein authentisches Führungshandeln. Mit den fünf Haltungen einer authentischen Führungskraft sind Sie in der Lage, ein durchgängiges, widerspruchsfreies und eindeutiges Bild Ihrer selbst und Ihrer Vorstellungen zu vermitteln. Sie leben Ihre Haltung – und leben damit vor! Und legen so den Grundstein für die Prägung und Gestaltung der Unternehmenskultur in Ihrem Unternehmen.

2. Den Stempel aufdrücken – mit Haltung die Führungskultur prägen

Wenn in Unternehmen von der Unternehmenskultur, von Change oder auch nur von einem Wandel der „Einstellungen“ gesprochen wird, dann taucht unvermeidlich eines auf: das Leitbild. „Wir brauchen zuerst mal ein Leitbild, so für das Grundsätzliche und die Werte“. Haben wir dann das Leitbild, so eine gängige Meinung, und garnieren das mit einigen kommunikativen Elementen, dann werden sich schon alle danach richten, dann wird schon eine bestimmte Einstellung und Kultur entstehen.

So führte eine Bank in Deutschland in den neunziger Jahren eine Matrix-Organisation ein. Der damit – richtigerweise – einhergehende „cultural change process" wurde von der Kommunikationsabteilung (!) gestaltet. Und nach deren Vorstellungen begann schließlich quer durch die Bank jedes Abteilungsleiter-Meeting mit Punkt eins der Tagesordnung „Leitbild". Da sollten die Teilnehmer erzählen und diskutieren, was sie in den letzten Tagen unternommen hatten, um dem – neuen – Leitbild gerecht zu werden. Im Grund gar nicht mal so schlecht die Idee, in der Umsetzung aber mangelhaft. Was lief schief? Gedacht, diskutiert, geschrieben wurden Protokolle, für den Vorstand, für die Kommunikationsabteilung. Aber echt gelebt – vom Vorstand über die Bereichsleiter abwärts – wurde das „Neue" nur in den seltensten Fällen. Bis auf das Erlebnis einiger neuer Kommunikationsformen war das „Neue" für die Mitarbeiter weder spür- noch erlebbar. Die Matrix wurde bald wieder abgeschafft, die Unternehmenskultur hatte sich nur marginal verändert.

Was lernen wir daraus? Unternehmenskultur lässt sich nicht beliebig erzeugen.

Unternehmenskultur lebt weniger vom Verkünden, sondern in erster Linie vom Vorleben in den täglichen Entscheidungen.

Das wird von Führungskräften heute meistens nicht entsprechend gewürdigt. Denn: Sie sind es, die im Blickfeld der Mitarbeiter stehen, Sie werden ständig beobachtet, Ihr Handeln wird registriert und bewertet. Oder anders ausgedrückt: jegliches Führungshandeln setzt „... Kultursignale ... *unabhängig* von der konkreten Intention des Vorgesetzten ..." (Scholz, Ch., 1993, S. 518, kursiv durch den Verfasser) Einerlei, ob die Führung beabsichtigt, eine bestimmte Kultur hervor zu bringen oder nicht, sie wird durch ihr Handeln in jedem Falle zur Herausbildung bestimmter oder der Verfestigung bestehender kultureller Muster beitragen. Der amerikanische Doyen der Unternehmenskultur Edgar Schein geht sogar noch weiter: „They (die Führungskräfte, Anm. d. Verf.) only have a choice about how much to manage what they communicate." (Schein, E.H., 1992, S. 253) Das heißt nichts anderes, als dass die Führungskräfte verantwortlich für die Unternehmenskultur sind, die Art des Führungshandelns ist damit der entscheidende Faktor.

Also besteht Ihre Aufgabe als Führungskraft keineswegs in der Erstellung eines Leitbildes, sondern – im Grunde genommen ganz altmodisch – im Vorleben. Aber nicht nur Sie alleine, die gesamte Führungsmannschaft Ihres Unternehmens ist in der Pflicht. Womit wir bei der Führungskultur angelangt wären. Genauso wie bei der Unternehmenskultur sind das die von den maßgeblichen Führungskräften eines Unternehmens gemeinsam geteilten Haltungen, Einstellungen und Überzeugungen. Wird hin und wieder auch als „Management-Philosophie" beschrieben. Egal wie sie nun genannt wird,

die Führungskultur ist die Keimzelle der Unternehmenskultur.

Was die Führungskräfte nicht konsistent, glaubwürdig und dauerhaft vorleben, das wird im Unternehmen nie und nimmer Teil der Praxis. Entscheidend dabei ist, dass die Führungskräfte gemeinsam in der gleichen Art und Weise denken und handeln. Sie brauchen also eine gemeinsame Haltung. Nur so vermitteln sie den Mitarbeitern ein stimmiges Bild, eine schlüssige Vorstellung von dem, was erwünscht ist.

Was jedoch passiert, wenn die Führung nicht mehr konsistent handelt? Viel schneller als die Beteiligten ahnten, registrierten die Mitarbeiter, dass die Führung auseinanderlief – die Gemeinsamkeit der Führungskultur zerbrach. Nach den ersten Kommunikationsstörungen – Botschaften kamen nicht mehr an oder zeigten keine Wirkung – kam es zur Kopie. Die Mitarbeiter begannen, die Handlungsmuster der Führungskräfte zu kopieren und schufen ihrerseits Fürstentümer, in die sie sich zurück zogen. Von internen Abstimmungen und der bis dahin hervorragenden Zusammenarbeit zwischen den Abteilungen war schon nach wenigen Monaten kaum noch eine Spur zu sehen. Die Schlagkraft erlahmte, und je mehr dies zu spüren war, desto trotziger wurden immer neue Mauern hochgezogen: „Lasst uns mal machen, wir wissen schon, was wir tun", war der Schlachtruf der Ausgrenzer, bis in die Führungsebenen hinein. Und der Kitt einer gemeinsamen Führungskultur begann an Bindungswirkung zu verlieren. Als Lern-Lektion daraus bleibt haften, was Ulrich/Smallwood definierten: „The style, tenor and quality of a firm's leadership are more important than the identities of the individual leaders" (Ulrich, D., Smallwood, N., 2007, S. 1). Die Führungskultur ist also entscheidend!

Kein Leitbild, keine Richtlinie kann also prägender wirken als das alltägliche Handeln, das alltägliche Entscheiden der Führungskräfte – wenn es, wie gesagt, von allen Führungskräften gleichermaßen konsistent, glaubwürdig und dauerhaft vorgelebt wird. Ein amerikanischer Management-Professor brachte das vor vielen Jahren schon sehr prägnant auf den Punkt (Pettigrew, A.M., 1979, S. 578). Führungskultur entsteht dann, wenn es der Führungsmannschaft gelingt

„to make words walk".

Also im ganz normalen Alltagshandeln prägend wirken. Klingt gut – genau das wollen wir! Wie aber gehen wir das an, morgen früh, oder Montag, wenn wir wieder an unserem Schreibtisch sitzen? Mit den Kollegen über die Führungskultur sprechen? Einen Arbeitskreis „Führungskultur" initiieren? Thema auf die Tagesordnung für die Vorstandssitzung nehmen? Wie also erzeugen wir, wie vermitteln wir eine Führungskultur, die uns ihrerseits erlaubt, eine erwünschte Unternehmenskultur zu formen?

Gleich wie bei der Entwicklung unserer persönlichen Haltung, gilt auch hier: einerseits einfach, andererseits anspruchsvoll. „Einfach" deshalb, weil es im Grunde genommen sich um die Grundlagen dessen handelt, was von Führungskräften erwartet wird. „Anspruchsvoll" weil sehr häufig Gewohnheiten dagegen stehen. Im Grund genommen genauso wie beim Vorsatz „endlich mal ein paar Kilo abzunehmen". Einfach weniger essen und mehr Bewegung, das ist im Grunde genommen alles. Banal in der Formulierung, aber äußerst schwierig im Umsetzen – das kennen einige von Ihnen sicherlich aus eigener Anschauung. Der Erfolg stellt sich nämlich erst dann ein, wenn Sie die veränderten Gewohnheiten durchgängig und dauerhaft leben. Nicht anders verhält es sich mit der Führungskultur: nur das, was Sie konsistent und dauerhaft vorleben, das wird zu gemeinsam geteilten Vorstellungen, zur Kultur also. Vorausgesetzt, Sie sind dabei glaubwürdig – also durch Haltung authentisch. Wir können daher festhalten:

Handeln Sie authentisch – dann prägen Sie nicht nur die Führungskultur! Sie verankern damit auch Ihre persönliche Haltung dauerhaft im Unternehmen.

Geht das noch etwas konkreter, drängt sich Ihnen als Frage auf? Aber bitte! Nach Edgar Schein wird Kultur am wirksamsten mit dem vermittelt, auf das die Vorgesetzten *systematisch* ihre Aufmerksamkeit richten. All das, was systematisch beobachtet, kommentiert, bewertet, gemessen und kontrolliert wird (vgl. Schein, E.H., 1992, S. 231). Das sind die sogenannten „Kulturvermittlungskanäle“. Klingt vielleicht kompliziert, ist es aber keineswegs. Vielleicht betrachten Sie Ihre alltägliche Arbeit als Führungskraft ganz einfach mal unter diesen Aspekten: Worauf legen Sie Ihr Augenmerk in Gesprächen mit den Mitarbeitern oder in Sitzungen? Was messen Sie? Deckungsbeitrag, Umsatz, Kundenfrequenz, Anwesenheitsstunden? Wohlgemerkt: hier geht es nicht um das Steuerungssystem Ihrer Firma! Sondern um das, was *Sie* ganz persönlich Ihren Mitarbeitern als wichtig für Sie selbst signalisieren? Dafür stehen Sie dann! Und laden damit zur Nachahmung ein.

- Kommentieren und bewerten Sie das, was Sie beobachten? Na klar, werden Sie nun sagen. Ich setze da eher ein Fragezeichen. Meine Erfahrung mit Führungskräften spricht dagegen. Sei es aus Bequemlichkeit, aus Angst vor Konflikten oder „weil's doch nicht so schlimm ist“ wird oftmals nicht angemessen kommentiert. Da hat der Kundenbetreuer nur drei Abschlüsse in der Woche zustande gebracht. Bleibt das von Ihnen unkommentiert, kann der Mitarbeiter daraus ableiten, dass Ihnen das nicht wichtig erscheint. Bleibt das mehrfach unkommentiert, vielleicht sogar unbemerkt, dann wird das zur Gewohnheit. Der Keim einer anderen Führungskultur ist gelegt.

- Fragen Sie *systematisch* nach dem, was Ihnen wichtig ist? Oder ist das eher sporadisch, dass Sie heute die Kosten thematisieren (beliebt gegen Jahresende), morgen die Anwesenheit (vor allem in Urlaubszeiten) und übermorgen dann schließlich doch noch auf den Kunden zu sprechen kommen (vorzugsweise wenn eine Beschwerde eingegangen ist). Oder sich heute langatmig über die Bedeutung des Umsatzes auslassen und morgen dann mit dem nachdrücklichen Hinweis „wir brauchen Erträge und nicht nur die Volumina“ für Verwirrung sorgen. Keine Frage: jede dieser Fragen ist berechtigt. Wie aber sollen Ihre Kollegen, Ihre Mitarbeiter lernen was für Sie wichtig ist? Für was Sie stehen? Da muss eine ganz klare Linie erkennbar sein – genau das ist mit „systematisch“ oder „konsistent“ gemeint. „Dem Chef ist der Deckungsbeitrag wichtig“, so könnte ein Ergebnis systematischen Nachfragens lauten. Wird diese Haltung von Ihren Kollegen und Mitarbeiter geteilt, dann haben Sie bereits eine Keimzelle für die Führungskultur geschaffen.

- Welches sind Ihre ganz persönlichen Kriterien für die Einstellung und Entlassung von Mitarbeitern? Wissen Ihre Mitarbeiter und Kollegen davon? Häufig nicht. Aber gerade hier sind Sie absolut kulturprägend unterwegs. Wir hatten vor Jahren eine Führungskraft aufgrund eines – externen ! – Betrugsfalles entlassen. Nicht weil er involviert gewesen wäre, nicht weil er zu wenig Kontrollen vornahm. Nein, weil er den Vorstand erst Wochen nach der Aufdeckung informierte. Klares Signal an alle Mitarbeiter – so wurde das dann auch im Unternehmen offiziell kommuniziert – : nicht ein Fehler, nicht der Betrug war hier der Grund der Entlassung, sondern das lange Verschweigen. Fehler können passieren, Betrug kann sich ereignen – aber nicht darüber zu sprechen, das macht die Sache erst ausweglos! Einer der Pfeiler unserer Führungskultur war Transparenz und Offenheit – geschaffen auch durch die klare Ansage, nach welchen Kriterien wir einstellen und entlassen. Und wesentlich für die Kulturprägung auch hier: das muss dauerhaft durchgehalten werden.

Damit ist das Repertoire an Mechanismen der Kulturvermittlung noch nicht erschöpft. Nach welchen Kriterien verteilen Führungskräfte knappe Ressourcen? Wann gibt's Lob, wann Tadel? Welche Prioritäten setzen Führungskräfte in einer Krisensituation? Wie stehen sie zu dem Produkt, zum Unternehmen allgemein? Sie sehen, hier geht's nicht um die großen Fragen der Menschheit. Sondern darum, dass Sie schlüssig, glaubwürdig und dauerhaft Ihre Haltung vorleben. Und so für die Mitarbeiter sicht- und erlebbar machen. Was natürlicherweise voraussetzt, dass Sie diese Themen auch reflektiert haben. Denn nur so – Sie erinnern sich – können Sie Haltung entwickeln.

Hier nun hatten wir die logisch-rationale Seite der Unternehmenskultur angesprochen. Doch die macht nur einen kleinen Teil des gemeinsamen Erlebens des Alltags im Unternehmen aus.

Denn die Unternehmenskultur wird weniger vom Verstand, als vielmehr mit und aus dem Herzen der Beteiligten transportiert und erlebt.

Sie ist das Selbstverständliche, das nicht mehr Hinterfragte – und damit zum Großteil jenseits der Grenze des rationalen Verstandes angesiedelt. Beobachten Sie doch einmal, mit welcher Inbrunst, mit welchem Stolz die Mitarbeiter von Daimler oder IKEA von „Wir" sprechen. Das können Sie rational weder verordnen, noch durch Leitbilder oder Ansprachen transportieren. Das muss für die Mitarbeiter auf einer viel tieferen Ebene versteh- und erfahrbar sein. Auf einer emotionalen Ebene. Dazu benötigen wir Symbole.

Nein, keine Angst, wir gehen nun nicht im Esoterischen spazieren. Wir bleiben bei dem, was Führungskräfte heute leisten sollen und leisten müssen. Und dazu gehört ganz klar auch der Umgang mit Symbolen, mit symbolischem Handeln. Das haben Sie noch nie gemacht?, sagen Sie. Aber natürlich! Die Auszeichnung eines Mitarbeiters beispielsweise ist ein solches Symbol. Ist es für 20jährige Betriebszugehörigkeit, dann steht diese Auszeichnung für die Botschaft: wir wollen langjährig treue Mitarbeiter. Vorausgesetzt natürlich, Sie begreifen das nicht nur als einen Formalakt, den Ihnen die HR-Abteilung „aufdrückt". Sondern überreichen das aus einer aufrichtigen Überzeugung heraus. Oder Sie haben bei der Gestaltung der Büros nach innen bewusst sehr viel Glas eingesetzt. Sie haben damit nicht nur die Büros Ihrer Mitarbeiter mit Glaselementen transparent gemacht, sondern auch Ihr eigenes. Und das der gesamten Führungsmannschaft. So haben Sie ein Symbol geschaffen: die Räumlichkeiten als Symbol für Transparenz. Ein Symbol steht also immer für etwas, das mehr ist, als es selbst darstellt. Das ist hier eben nicht nur eine Glaswand, sondern diese steht für Transparenz im Unternehmen. So denn alle diese Ansicht teilen.

Doch nicht nur Gegenstände sind Symbole. Es ist gerade das Handeln der Führungskräfte, das in hohem Maße symbolisch ist. Denn dieses Handeln steht – in den Augen der Mitarbeiter – für etwas, das mehr ist, als es selbst darstellt. „Der Chef besucht die Mitarbeiter regelmäßig in deren Büros", könnte so ein Handeln einer Führungskraft sein. Wenn es nicht gerade den Charakter einer Anwesenheitskontrolle hat im Sinne „Meier ist um viertel vor neun noch immer nicht da ...?", dann kann das durchaus für Wertschätzung der Mitarbeiter stehen. Der Chef redet eben nicht nur davon, sondern zeigt das auch durch seinen Besuch. Ein hochgradig symbolischer Akt!

Bei „Change-Prozessen" spielen Symbole eine, wenn nicht gar die entscheidende Rolle. Selbst im grundlegendsten aller „Change-Prozesse", dem Wechsel des Vorgesetzten. Ich hatte vor vielen Jahren in Deutschland einen neuen Vorgesetzten. Er sprach vom ersten Tag an von Erneuerung, sprach von Wandel. Predigte das in jeder Abteilungsleiterbesprechung, was denn nun anders werden sollte, vor allem, wie er sich von seinem Vorgänger abheben wolle. Alleine – es passierte nichts. Weder ging er mit zum Kunden, noch intensivierten sich unsere Kontakte, noch wurde an den Sitzungen und Mitarbeitergesprächen irgendetwas verändert. Keine neuen Stellenbesetzungen, aber sehr viel Vorträge zur Erneuerung. Symbolisiert allerdings wurde das Ganze durch sein Büro. Selbst die Schreibunterlage blieb die alte, ganz zu schweigen von den scheußlichen Wandbildern und den alten Möbeln. Also machten auch wir, seine Mitarbeiter, weiter so wie bisher. Und damit blieb die Einwirkung des „Neuen" auf Strukturen, Prozesse und die Unternehmenskultur eben nur marginal. Neben der mangelnden Durchsetzungsfähigkeit der Person wurde daran jedoch eines deutlich:

„Der Wandel der Organisationskultur ist immer ein Wandel der Symbole …

und der entsprechenden Bedeutungsinhalte." (Heinen, E., Dill, P., 1986, S. 213). Damit plädiere ich keineswegs dafür, sofort bei Funktionsantritt sich eine neue, vielleicht teure, Büroeinrichtung anzuschaffen. Aber wenn Sie sich schon von Ihrem Vorgänger abheben wollen, sollten Sie wenigstens die Schreibunterlage und die Bilder an den Wänden austauschen. Hat nichts mit Status zu tun. Sondern ist symbolisches Handeln. Genauso wie der neue Dienstwagen bei Antritt einer neuen Funktion. Wird von den Mitarbeitern mit Argusaugen beobachtet – nicht aus Neid, sondern mit der Frage im Hinterkopf, was der Chef damit wohl ausdrücken will. Sich das neueste Modell der Oberklasse mit allen Extras zu genehmigen, um dann ein paar Wochen später ein Sparprogramm auszurufen, erhöht mit Sicherheit nicht Ihre Glaubwürdigkeit! Und der Führungskultur werden Sie so auch keinen Stempel aufsetzen. Denn Sie haben es nicht geschafft, Ihre Haltung durch Symbole auszudrücken.

Leider gilt so auch heute noch unverändert, was schon vor vielen Jahren seitens der Management-Forschung festgestellt wurde, nämlich „dass das Bewusstsein der symbolischen Dimension des eigenen Handelns bei vielen Führungskräften nicht ausreichend entwickelt ist." (Gusman, B., Breit, C., 1987, S. 111, kursiv durch den Verfasser). Sie stehen unter Beobachtung, ständig. Denn Ihre Mitarbeiter suchen Orientierung. Und interpretieren dabei Ihr Handeln als Symbol für Ihre Haltung, für das, wofür Sie stehen.
Auf einer Veranstaltung für die Kunden des Unternehmens unterhielt sich der Vertriebschef den Großteil des Abends mit seinen Kollegen

aus dem Vorstand. Die Kunden wurden ja von den Kundenbetreuern unterhalten. Eine einzige Katastrophe! Weniger für die Kunden, als vielmehr für die Mitarbeiter. Ihr Chef symbolisierte durch sein Verhalten seine Haltung: interne Belange gehen vor, der Kunde ist zweitrangig. Das hätte er sich natürlich nie getraut, so zu sagen. Aber er drückte es klar und deutlich aus, durch sein symbolisches Handeln – und das schlimmste daran war, er merkte es nicht einmal. Wir dürfen sicher sein, dass er am nächsten Tag seine Vertriebsmannschaft wieder zu Höchstleistungen ermuntern würde. Garantiert mit wenig Erfolg – als Führungskraft war er damit unwirksam!

Doch Sie wollen solche Fallen vermeiden. Und daher wieder Ihre berechtigte Frage: Wie kann ich das nun konkret angehen? Wie soll ich mit Symbolen umgehen? Nun, die einfachste Antwort ist: indem Sie mit Haltung führen. Authentisch, aus sich selbst heraus, dann vermeiden Sie Widersprüche in Ihrem Handeln und in Ihren Aussagen. Aber zum Verständnis und für den Umgang mit Symbolen hilft vielleicht eine Aufgliederung, welche Art von Symbolen es gibt und wie sie wirken.

Da gibt es zunächst einmal solche mit einem „instrumentellen Inhalt". Die sind relativ leicht verständlich, dazu gehören die materiellen Vergütungen und Belohnungen, dazu gehören Auszeichnungen. Auch Organigramme und Schaubilder zählen noch zu den eher instrumentellen Symbolen. Wie der Name schon sagt, hier steht das Instrument im Vordergrund, der symbolische Charakter ist eher gering. Das wird häufig bei Gehaltsgesprächen vergessen! Keine Frage: Das Gehalt muss stimmen. Aber eine Gehaltserhöhung ersetzt bestimmt nicht Wertschätzung oder Anerkennung. Das muss mit eher expressiven Symbolen ausgedrückt werden, Symbole, die mehr ausdrücken, als sie sind. Die so nicht auf den ersten Blick verständlich sind, weil man sie interpretieren muss. Dazu zählen Geschichten, Zeremonien, Rituale, Statussymbole. Sie transportieren, so würden das die Soziologen ausdrücken, verallgemeinerte Informationen über komplexe Sachverhalte.

Erzählen Sie Geschichten von Ihren Erlebnissen mit Kunden! Ihre Mitarbeiter werden mehr daraus ablesen, als Sie durch fünfundzwanzig Folien zum Vertrieb zeigen können. Führen Sie Rituale ein, d.h. wiederkehrende Handlungen oder Events, die für etwas stehen. Das kann vom „Mecker-Jour-Fixe" (hier hören Sie zu) bis zum täglichen Rundgang durch die Abteilungen („Sprechstunde") oder der vierteljährlichen „Entsorgungssitzung“ (bei der überholte Aufgaben real und symbolisch entsorgt werden) bis hin zur „Besinnungsminute“ vor Sitzungen so ziemlich alles sein, dem Sie durch Ihre Interpretation eine bestimmte Bedeutung und Beständigkeit verleihen. Mit den „expressiven Symbolen“ sprechen Sie die Gefühle ihrer Mitarbeiter an, ihr Bedürfnis nach Werten, nach Zugehörigkeit und Teilhabe.

Aus den ganz neuen Erkenntnissen der Neurobiologie wissen wir, dass Lernen ebenso wie die Prägung von Denkmustern dann einfacher gehen, wenn Begeisterung mit im Spiel ist (siehe dazu Hüther Gerald, 2010). Nur dann werden Informationen auch als Haltung gespeichert. Ein bloßer Vortrag, eine bunte Power-Point-Folie dagegen kommen häufig nicht mal in die Kurzfristspeicher des Gehirns. Solche Dinge können Sie sich also sparen – es sei denn, Sie haben den Anspruch, die Führungskultur in Ihrem Unternehmen zu prägen. Das gelingt Ihnen nur, wenn Sie Begeisterung erzeugen, bei Ihren Mitarbeitern und Kollegen. Wenn Sie sprühen und Ihr Engagement und Ihre Vorstellungen aus Ihnen heraus sprechen, ohne dass Sie lange Worte machen müssen. Genau aus diesem Grund sah Weick schon vor vielen Jahren, dass die „... appropriate role for managers may be evangelist rather than accountant“, wobei die Hauptaufgabe der Führungskraft im „...managing myths, images, symbols and labels“ liege (Weick, K.E., 1979, S. 42).

Sie sehen, wir haben eine weite Reise hinter uns. Beginnend mit der Führungskraft als dem Gestalter von Beziehungen, hier endend nun mit der Führungskraft als einem „tätigen Prediger“. Zuverlässig den Kurs gewiesen, uns stets begleitet hat uns dabei „Die Haltung“ der Führungskraft. Sie ist die Grundlage für authentisches und wirksames Handeln, sie bildet damit auch die Grundlage für die Gestaltung der Unternehmenskultur. Erst diese macht Ihr Handeln als Führungskraft nachhaltig wirksam!

Doch halt – legen Sie das Buch nicht vorschnell zur Seite! Gönnen Sie sich ein paar Minuten von dem, wovon wir gesehen hatten, dass es zur Haltung führt: Reflektieren Sie ein wenig! Legen Sie das Buch auf Ihren Schoß, fühlen mit Ihren Händen den kühlen Einband, lehnen Sie sich zurück, halten inne, lassen los. Ihr Blick ruht nun sacht auf dem Titelbild.

Atmen Sie ruhig und gleichmäßig.
Erspüren Sie, was Ihr Inneres zu Ihnen spricht.
Welche Gedanken haben Sie besonders angesprochen?
Welche Merksätze lösten ein „Aha“ aus?
Welche Seiten erlebten Sie mit?
Was passt zu Ihnen, was nicht?
Was sagt Ihnen .....

... und damit nun viel Erfolg!

Zeit zum Lesen

Was Sie außerdem noch lesen könnten...

Aitken, Robert
Zen als Lebenspraxis
München, 8. Aufl., 2000

Akerlof, G.A., Shiller R.J.
Animal Spirits
Frankfurt/M., 2009

Avolio, B.J., Luthans F.
The High Impact Leader
New York, 2006

Bauer, Joachim
Warum ich fühle, was du fühlst – Intuitive Kommunikation und Spiegelneurone
München, 2006

Bauer, Joachim
Prinzip Menschlichkeit
Hamburg, 5. Auflage, 2007

Bennis, Warren
On Becoming a Leader
Cambridge, Mas., 2003

Bleicher, Knut
Das Konzept Integriertes Management
Frankfurt/M., 2. Auflage, 1992

Boschert, Friedhelm
Identität der Kreditgenossenschaften in den Neuen Bundesländern
Stuttgart-Hohenheim, 1996

Boyatzis, R., McKee, A.
Resonant Leadership
Boston, 2005

Carroll, Michael
The Mindful Leader
Boston, 2007

Cleary, Thomas
Zen in der Kunst der Menschenführung
Bern, 1990

Cleary, Thomas
Zen Lessons – the Art of Leadership
Boston, London, 2007

Collins, Jim
Good to Great
London, 2001

Covey, Stephen
Der Weg zum Wesentlichen
Frankfurt, 2007

Csikszentmihalyi, Mihaly
Good Business
London, 2003

Damasio, A. R.
Ich fühle, also bin ich. Die Entschlüsselung des Bewusstseins
List, 2002

Deal, T., Kennedy, A.
Corporate Cultures – The Rites and Rituals of Corporate Life
London, 1988

Dietz, Ingeborg & Thomas
Selbst in Führung, Paderborn
2. Aufl., 2008

Dietz, Ingeborg & Thomas
Die Kunst der Selbstführung
in: Personalführung, 8/2002, S. 42-44

Drucker, Peter
Management –
Tasks, Responsibilities, Practices
New York, 1974

Dürckheim, Karlfried Graf
Meditieren – wozu und wie
Rütte, 2009a

Dürckheim, Karlfried Graf,
Vom doppelten Ursprung des
Menschen
Rütte, 2009b

Emerson, R.W.
Essays
Zürich, 1983

Ende, Michael
Die unendliche Geschichte
München, 4. Auflage, 2010

Frankl, Viktor E.
Psychotherapie für den Alltag
Freiburg, 1992

George, Bill
Authentic Leadership
Abstract, Jossey-Bass, 2003

Goleman, Daniel
Soziale Intelligenz
Abstract, Droemer Verlag,
2006,

Goleman, Daniel, Boyatzis,
R., McKee A.
Primal Leadership – Learning to lead
with emotional intelligence
Boston, 2004

Goleman, Daniel, Boyatzis, R.
Social Intelligence and the Biology
of Leadership
in: Harvard Business Review
Sept. 2008, S. 74-81

Gusman, B., Breit, C.
Ansatzpunkte für eine Theorie der
Unternehmenskultur
in: Heinen, E. (Hrsg.),
Unternehmenskultur
München/Wien, 1987

Hamel, Gary
Moon Shots for Management
in: Harvard Business Review
Febr. 2009, S. 91-98

Handy, Charles B.
The Age of Unreason
Boston, 1989, Auszüge zu
in: strategy + business
Fall 2003, Issue 32, S. 1

Handy, Charles B.
Myself and other more important
matters
London, Arrow, 2007

Harada, Sekkei
The Essence of Zen – Dharma Talks
New York, 1998

Heinen, E.; Dill, P.
Unternehmenskultur –
Überlegungen aus
betriebswirtschaftlicher Sicht
in ZfB, 56. Jg., Heft 3, 1986

Hill, Linda
Leading from behind
in: www. Funkensprungnuts
Wordpress.com/2010/07/28/
leading-from-behind/

Hofinger, Hans
Regula Benedicti –
Eine Botschaft für Führungskräfte
Wien, 2003

Hüther, G.
Die Macht der inneren Bilder
Göttingen, 2010

Jäger, Willigis;
Kothes, Paul J., (Hrsg.)
ZEN@work – Manager und Meditation
Bielefeld, 2009

Jäger, Willigis et. al.
Zen im 21. Jahrhundert
Bielefeld 2009

Kabat-Zinn, Jon
Gesund durch Meditation
Frankfurt/M., 2008

Karner, Helmut.F.
Management Dimensions in 2030
in: Kodrin, A., Matevz, K., Future Book
Amsterdam/Ljubljana, 2010

Kets de Vries, Manfred
The Leader on the Couch.
A clinical approach to Changing People
And Organizations
Abstract, Jossey-Bass, 2006

Kim, W. Chan, Mauborgne, R.
Blue Ocean Strategy
Boston, 2005

Kirchner, Baldur
Benedikt für Manager
Wiesbaden, 1. Aufl., 1994

Kohtes, Paul J.
Dein Job ist es, frei zu sein.
Zen und die Kunst des Managements
Bielefeld, 2005

Kotter, John
The Heart of Change
Boston, 2002

Kromm, W., Frank, G.,
Gadinger, M.
Sich tot arbeiten –
und dabei gesund bleiben
Düsseldorf,
Symposion Publishing, 2010

Kulananda; Houlder; Dominic
Mindfulness and Money
The Buddhist Path of Abundance
New York, 2004

Lay, Rupert
Über die Kultur des Unternehmens
Düsseldorf, 1992

Linder-Hofmann, B., Zink, M.
Die Innere Form –
Zen im Management
Herrsching, 2002

Luhmann, Niklas
Soziale Systeme –
Grundriss einer allgemeinen
Theorie
Frankfurt/M., 1984

Malik, Fredmund
Führen – Leisten – Leben
Frankfurt/M., 2006

Malik, Fredmund
MBA fördert das
Gewinnmaximierungsdenken
In: Malik Management Mail,
Ausgabe 40 vom 19.3.2009

Malone, Thomas
The Future of Work
Boston/Ma., 2004

Möbuß, Susanne
Schopenhauer für Anfänger
München, 3. Aufl., 2001

Neuberger, Oswald; Ain, Kompa
Wir, die Firma – Der Kult
um die Unternehmenskultur
München, 1987

Pfeffer, J.
Organizations and Organization
Theory
Marshfield, Ma., 1982

Pfisterer, Th.
Alle Werte erfordern neue Köpfe
in: Handelszeitung,
online Ausgabe v. 6. 1. 2009

Polenski, Hinnerk
ZEN
in: STERN Gesundheit, 1/2010

Polenski, Hinnerk
Die Linie im Chaos –
Zen, Ethik, Leadership –
Ein Leitfaden
für Verantwortungsträger
Bielefeld, 2010

Rappaport, Alfred
Ten Ways to Create Shareholder Value
in: Harvard Business Review, Online
Version, Sept 2006

Ritskes, Rients R.
Zen für Manager
München,2. Aufl., 1998

Rock D.; Schwartz, J.
The Neuroscience of Leadership
in: strategy and business,
online: www. strategy-business
vom 27.12.06

Rümke, Helmut
Kraft des Denkens –
die Kraft der Intuition
in: Euroform (Hrsg), ZEN Leadership
Düsseldorf, 2008

Safranski, Rüdiger
Schopenhauer und die wilden Jahre der Philosophie
München, 1987

Scharmer, Otto C.
Theory U – Leading from the Future. The Social Technology of Presencing
San Francisco, 2009

Schein, Edgar H.
Organizational Culture and Leadership
San Francisco, 2. Aufl., 1992

Scholz, Christian
Personalmanagement: informationsorientierte und verhaltenstheoretische Grundlagen
München, 3. Aufl., 1993

Schopenhauer, Arthur
Gedanken zur Ethik
Esslingen, 1988

Schopenhauer, Arthur
Die Welt als Wille und Vorstellung
München, 3. Aufl., 2005

Schopenhauer, Arthur
Eristische Dialektik oder Die Kunst, Recht zu behalten
Zürich, 3. Aufl., 2008

Sekida, Katsuki
ZEN-Training
Freiburg/Brsg., 2. Aufl., 1993

Silsbee, Douglas K.
The mindful coach
Marshall, NC, 2004

Sinclair, Amanda
Leadership for the disillusioned
Crows Nest, 2007

Singer, W., Ricard M.
Hirnforschung und Meditation
Frankfurt/M., 2008

Sparrowe, Raymond T.
Authentic Leadership and the narrative self
in: The Leadership Quarterly 16 (2005), S. 419-439

Sprenger, Reinhard K.
Mythos Motivation: Wege aus einer Sackgasse
Frankfurt/M., 7. Auflage 1994

Thich Nhat Hanh
Das Wunder der Achtsamkeit
Bielefeld, 2001

Thich Nhat Hanh
Aufwachen zu dem, der du bist
Frankfurt/M., 2009

Ulrich, D.; Smallwood, N.
Leadership Brand
Abstract, Harvard, 2007

Watts, Alan
Vom Geist des ZEN
Suhrkamp, 2001

Watzlawick, Paul
Wie wirklich ist die Wirklichkeit?
München, 1978

Watzlawick, Paul
Anleitung zum Unglücklichsein
München, 1988

Weick, K.E.
Cognitive Processes in Organizations in: Research in Organizational Behaviour, Vol. 1, 1979

Witzer, Brigitte
Die Zeit der Helden ist vorbei – Anleitung für ein postheroisches Management
Abstract, Redline Verlag, 2005

Woess, Fleur
Der souveräne Vortrag – Informieren, überzeugen, begeistern
Wien 2004